U0111865

大展好書　好書大展
品嘗好書　冠群可期

武學名家典籍校注 12

李劍秋形意拳術

李劍秋 著
王銀輝 校注

大展出版社有限公司

出版人語

武術作為中華民族文化的重要載體，集合了傳統文化中哲學、天文、地理、兵法、中醫、經絡、心理等學科精髓，它對人與自然和諧共生關係的獨到闡釋，它的技擊方法和養生理念，在中華浩如煙海的文化典籍中獨放異彩。

隨著學術界對中華武學的日益重視，北京科學技術出版社應國內外研究者對武學典籍的迫切需求，於二〇一五年決策組建了「人文・武術圖書事業部」，而該部成立伊始的主要任務之一，就是編纂出版「武學名家典籍」系列叢書。

入選本套叢書的作者，基本界定為民國以降的武術技擊家、武術理論家及武術活動家，而之所以會有這個界定，是因為民國時期的武術，在中國武術的

發展史上占據著重要的位置。在這個時期，中、西文化日漸交流與融合，傳統武術從形式到內容，從理論到實踐，都發生了巨大的變化，這種變化，深刻干預了近現代中國武術的走向。

這一時期，在各自領域「獨成一家」的許多武術人，之所以被稱為「名人」，是因為他們的武學思想及實踐，對當時及現世武術的影響深遠，甚至成為近一百年來武學研究者辨識方向的座標。這些人的「名」，名在有武術的真才實學，名在對後世武術傳承永不磨滅的貢獻。他們的各種武學著作堪稱為「名著」，是中華傳統武學文化極其珍貴的經典史料，具有很高的文物價值、史料價值和學術價值。

目前，「武學名家典籍校注」叢書，已出版了著名楊式太極拳家楊澄甫先生的《太極拳使用法》《太極拳體用全書》，一代武學大家孫祿堂先生的《形意拳學》《八卦拳學》《太極拳學》《八卦劍學》《拳意述真》，武學教育家陳微明先生的《太極拳術》《太極劍》《太極答問》，董英傑先生的《太極拳

釋義》，形意拳家薛顛先生的《形意拳術講義（上下編）》《象形拳法真詮》《靈空禪師點穴秘訣》。

李劍秋是近代將形意拳術傳入大學的先驅者，曾執教於清華大學。他於民國八年（一九一九年）出版了《形意拳術》一書，系統介紹形意拳術，並附武穆拳譜。一九二二年，黃警頑在黃方剛赴美之際，集資又印行三千冊（書中命名為一九二二年版），此版對一九一九年版進行了修訂，並增三十三幅拳照。本書將兩個版本合訂為一，以饗讀者。

這些名著及其作者，在當時那個年代已具有廣泛的影響力，而時隔近百年之後，它們對於現階段的拳學研究依然具有指導作用，依然被太極拳研究者、愛好者奉為宗師，奉為經典。對其多方位、多層面地系統研究，是我們今天深入認識傳統武學價值，更好地繼承、發展、弘揚民族文化的一項重要內容。

本叢書由國內外著名專家或原書作者的後人以規範的要求對原文進行點校、注釋和導讀，梳理過程中尊重大師原作，力求經得起廣大讀者的推敲和時間的考驗，再現經典。

「武學名家典籍校注」，將是一個展現名家、研究名家的平台，我們希望，隨著本叢書第一輯、第二輯、第三輯……的陸續出版，中國近現代武術的整體風貌，會逐漸展現在每一位讀者的面前；我們更希望，每一位讀者，把您心儀的武術家推薦給我們，把您知道的武學典籍介紹給我們，把您研讀詮釋這些武術家及其武學典籍的心得體會告訴我們。我們相信，「武學名家典籍校注」這個平台，在廣大武學愛好者、研究者和我們這些出版人的共同努力下，會越辦越好。

導讀

李劍秋（一八八一—一九五六年），河北東鹿縣（今河北省辛集市）人，近代形意拳教育家，曾經執教於清華大學幾十年，與著名體育教育家馬約翰齊名，是近代將形意拳術傳入大學的先驅者。先生的叔祖李文豹、父親李雲山都是清末形意拳大師李存義、周明泰的徒弟。先生的形意拳得自家傳。

李劍秋先生於民國八年（一九一九年）出版的《形意拳術》一書，介紹了形意拳術的源流、意義、特點、特長和效果，對五行拳、進退連環拳進行了講解，是武術練習者和研究者的重要參考資料。

尤為珍貴的是，本書全文附錄了濟源鄭濂浦先生於民國四年（一九一五年）夏天從濟源原作傑先生處抄錄的武穆拳譜，即《岳武穆形意拳術要論》，

其中包括「要論」九篇（含「心意要訣」）、「交手法」一篇。這是歷史上該珍貴文獻首次對社會公開。

這次應北京科學技術出版社王躍平編輯之約，對該書進行點校、注釋，業已完成，茲說明如下：

一、原著出版發行的那個時代，還沒有成熟的標點符號體系，該書的標點基本上採用一逗到底的方法，且斷句多有混亂和失誤之處。這次對全書所有文字進行了嚴格、細緻的點斷，並根據句意、文意及各句、各部分之間的邏輯關係，加上恰當的標點符號。尤其是《岳武穆形意拳術要論》，除了嚴格的標點，還根據文中的意群，對「一要論」「五要論」「八要論」「九要論」「心意要訣」「交手法」等部分進行了細緻的分段。

二、原著是用文言文寫成的，這對於習慣了現代文閱讀的讀者而言，是一個很大的障礙。將文言文按照現代文來理解，就會曲解作者的原意，甚至鬧出笑話。因此，這次對全書難解的字、詞、句、篇進行了密度不一的注釋，艱深的地方注釋密度大一些，相對淺易的地方注釋密度小一些。對於原著的用典及引用的古語，最大限度地將其出處、原意和本書用意呈獻給讀者。

三、書中附錄的《岳武穆形意拳術要論》，是極其珍貴的武學文獻，也是我們民族的珍貴文化遺產之一。該文立意深邃，立論精闢，論述全面、周到、嚴謹、細緻，涉及武術練習與實戰中生理、心理、哲理的方方面面，高度概括和深刻揭示了武學的客觀規律。其行文瑰瑋雄暢，氣勢磅礴，語言優美，富於音樂性、節奏感，同時也是一部偉大的文學作品。這一重要文獻，對於武術愛好者和研究者來說，具有巨大的理論價值和實用價值。然而，要真正讀懂它，是有很大困難的，原因來自於文的、武的等多個方面。這次校注，不迴避疑點、難點，緊扣原文，深挖字、詞含義，補齊省略成分，進行邏輯梳理，參照相關文獻，做了逐句解釋。這是一個巨大的挑戰，還望各位學者、專家提出寶貴意見，以便不斷改進。

四、原著有一些文字上的失誤，如「黃警頑」寫成了「黃警顧」，「椎魯不文」寫成了「推魯不文」，「嘗」寫成了「常」等等，都予以指出並進行了訂正。

五、在李劍秋《形意拳術》一九一九年版校注完成後，北京科學技術出版社又發現了一九二二年版的李劍秋《形意拳術》。這一版本是涂榮康先生珍藏並提供的，對一九一九年版進行了較大幅度的充實和改進，十分珍貴，真是誠心感動天地，我們讀者也都跟著有福了。

1. 這一版本對一九一九年版的文字失誤進行了檢查改正，基本上與校注者的訂正一致。還有個別有價值的改正（進），校注者已在一九一九年版注釋中做了補充。

2. 這一版補上了五行拳和五行進退連環拳的詳細動作說明，還有拳照三十三幅（包括重複使用的）。除了這些動作說明的價值以外，這一組拳照在別處難得一見，相當珍貴。一九二六年，馬約翰在美國春田大學學習期間發表的碩士論文《體育的遷移價值》的副論文《中國拳術入門》，其中所用的李劍秋拳照應該就是本書中的這一組。

這一組拳照，示範準確，動作純淨，身形幹練，毫無俗氣，使我們得見又一位民國形意拳大師的風采。

3.根據新補充的動作說明，我們可以知道，作者將劈拳分為「劈拳拳式」與「劈拳掌式」兩步，以此概念重讀「第七章　形意拳術之特長處」，使我們對劈拳在實戰時攻守合一的論述理解得更加清楚，這次在新版中增加了相應的注釋。

4.劈拳的墊步和跟步，作者都稱為「墊步」。因為這個原因，一九二二年版在排版時似有一段文字錯置，這次在注釋中進行了詳細的說明和訂正，將劈拳的動作說明完全理順了。

5.這次兩個版本合在一起出版，使我們對它們的關係看得很清楚。根據新版的「黃警頑序」，可知黃警頑先生是該書得以出版發行的最大功臣，不愧是樂於助人的「交際博士」。我們這次查了很多資料，主要根據其中的第一手資

料，對書中「黃警頑」這一條，給出了上千字的注釋，對黃警頑先生的一生事蹟進行了可靠的梳理，也算是替作者和讀者對黃警頑先生表示感謝吧。

6.一九一九年版已有的注釋，原則上一九二二年版不再重複，所以一九二二年版主要是對新增加的文字、照片進行注釋，少量補充一九一九年版遺漏的注釋，並根據新版文字，在舊版中進行個別訂正。

以上將李劍秋《形意拳術》一書的標點、校訂和注釋工作進行了簡單的介紹，但願校注者的努力能為讀者朋友掃除閱讀和理解的障礙，讓大家都能順利地享受前人給我們留下的文化遺產，讓前人的武學著作更順利地走進習武者和武學研究者的生活。

校注者　王銀輝

序

余因少年時患慢性腎炎，體弱多病，多方求醫未見好轉。經友人介紹習練形意拳，身體日漸好轉，後正式拜入王薌齋老先生門下弟子五虎將之首張長信老師門下。余長年陪伴老師，侍奉老師左右，得老師口授心傳，漸悟郭雲深太師爺所說的「大動不如小動，小動不如不動，不動之動乃生生不已之動」的拳術真意。

太師爺郭雲深所云：形意拳術之道，練之極易，亦極難。易者，是拳術之形式至易至簡而不繁亂。其拳術之始終，動作運用，皆人之所不慮而知、不學而能者也。周身動作運用，亦皆平常之理。惟人之未學時，手足動作運用無有規矩而不能整齊，所教授者，不過將人之不慮而知、不學而能、平常所運用之形式入於規矩之中，四肢動作而不散亂者也。果練之有恆而不間斷，可以至於至善矣。若到至善處，諸形之運用，無不合道矣。以他人觀之，有一動一靜、一言一默之運用，奧妙不測之神氣。然而自己並不知其善於拳術也。因動作運用皆是平常之道理，無強人之所難，所以拳術練之極易也。

中庸云：「人莫不飲食也，鮮能知味也。」難者，是練者厭其拳之形式簡單而不良於觀，以致半途而廢者有之，或是練者惡其道理平常而無有奇妙之法則，自己專好剛勁之氣，身外又務奇異之形，故終身練之而不能得著形意拳術中和之道也。因此好高騖遠，看理偏僻，所以拳術之道理，得之甚難。中庸云：「道不遠人，人之為道而遠人。」即此意義也。

我從小即在上海中華武術會長大，常年浸淫其中，淵源頗深。上海中華武術會建於一九一九年二月二日，由著名體育家吳志青發起，宗旨為「發達國民之本能，表彰國人之特色」。孫中山先生曾為中華武術會會所題署「尚武樓」並贈匾一方。二十世紀八〇年代中華武術會恢復活動，因擔心「武術會無硬手」，恐有人尋釁，故邀我入會任教。其時，我於會中得到一本中華武術會在一九二二年出版發行的李劍秋《形意拳術》，並珍藏多年。今值北京科學技術出版社出版李劍秋先生著作，特將此本供為影印，請讀者參考。

涂榮康　口述

弟子　林駿　整理

形意拳術

1919年

發刊《形意拳》初步宣言

人生最可惜、最痛苦的莫過於身體柔弱、精神萎靡，而最幸福的莫過於身體健全。而健全身體之法，有動、靜二種，或專從事於筋肉①之發達，或專為精神上之修養。如靜坐法，可謂靜功之一種；而各種器械體操，及中國之棍、劍、石鎖、雙石杠子等運動則均屬動的。然二者均有流弊。常有因靜坐妄思而得精神病，因運動過度而減少聰明者，皆因不明體育原理之故也。

近時代東西各文明國，均注重體育，已視為一種科學。體育家研究結果，均為精神與肉體應同時鍛鍊，所謂「平均發育」「身心合一」「修養人格」等主張是也。新創制柔軟體操，即諸此理。但其體育之理論固是②，而其術尚未③盡善。

頑軀孱弱多病④，友人勸習拳，不久而漸覺轉健。如是恍然以⑤中國之拳術，精神體魄同時鍛鍊，實合於體育原理。繼以好勇武者，多推魯不文，不能研究奧理以道後學；而文人又不肯學習，愁焉憂之⑥。

乃於民國五年⑦，與體育同學吳志青⑧創立武術會⑨，號召四方同志。晨夕⑩研究，聲譽日隆。又經全國教育會⑪議決，請教部⑫將吾國故有武術，實行加入學校正科⑬，並立國技⑭專修學校，廣造武士。

初則在北四川路宜樂里租屋數楹⑮，來學者亦甚寥落⑯。今則購地自建新屋，會員數千人，日習⑰不懈。平日又派教師至男女各中小學校實施傳授，即⑱纏足年老女者，習之稍久，亦無困難。由此可知武術施於學校之有利無弊，而身體之健康，尤有特殊之效益也。

設會之始，同人早知形意拳優點，南方無人提倡，深為惜之。特函托⑲奉天⑳拳家陳子正先生物色教師二位，慨然允許介紹劉岐祥、陳金閣。當時，又在商務印書館俱樂部，發起國技研究會㉑，一時加入晨習㉒者數十人。五年以來，幸無流弊，而綿薄之力，終不能使之發展，甚自愧也。

今與會內外同志立願：以強一身者強吾同胞，強同胞者強吾國家㉓。古人云，窮則獨善其身，達則甫善天下㉔。

予謂人生如欲保守率真天性，淡泊態度，當㉕不取功名利祿，掌㉖生殺之權，擅作威福㉗。以自悅者㉘，則必學崇尚俠德之風，普度眾生，方不虛度一世！吾將以此冊風行宇內㉙，而以武術同聲之求㉚。

東鹿㉛李劍秋㉜先生，世傳㉝妙術，常㉞應清華學校之請任教授，對形意拳術頗有心得，特聯合宣言，願與好武之士共勉。

李劍秋
上海國術研究會：黃方剛　代表全體會員聯合宣言
吳志青
黃警顧㉟

【注釋】

①筋肉：肌肉。

②固是：固然正確。固，固然。是，正確，與「非」相對。

③尚未：還沒有。

④頑軀孱弱多病：（我現在）還算強健的身體曾經瘦弱多病。頑，頑健，這是說自己現在還強健的自謙之辭。孱弱，瘦弱。

⑤如是恍然以：由此猛然認識到。如是，如此。恍然，猛然領悟貌。以，以為，認為。

⑥繼以好勇武者……愁焉憂之：繼而又想到，好武之人，大多魯鈍沒有文化，不能研究武術的奧理來啓發誘導後學者；而有文化的人又不肯習練武術，因此愁苦憂悶。繼以，繼而覺得。推魯，應為「椎（ㄔㄨㄟ）魯」，魯鈍。道，通「導」。

⑦乃於民國五年：於是在民國五年。民國五年，一九一六年。

⑧吳志青：一八八七—一九五一年，安徽歙縣昌溪人，我國近代著名武術、體育教育家，著有武術著作二十餘種。

⑨武術會：即上海「中華武術會」。

⑩晨夕：早晚。

⑪全國教育會：即「全國教育會聯合會」。一九一五年四月，在天津舉行的全國教育會聯合會第一次會議，通過了北京體育研究社許禹生等提出的《擬請提倡中國舊有武術列為學校必修課》議案。

⑫教部：教育部。

⑬正科：正式學科，即「必修課」。一九一五年，教育部明確指出「各學校應添授中國舊有武技，此項教員於各師範學校養成之。」一九一八年十月十四日至十一月二日，在教育部召開的全國中學校長會議上通過決議：「全國中學一律添習武術。」

⑭國技：即武術。

⑮數楹：幾間。
⑯亦甚寥落：也很冷清。寥落，冷落，寂寞，這裡指學員稀少。
⑰日習：每日練習。
⑱即：即使（是），即便（是）。
⑲函托：致函請托。
⑳奉天：舊省名，治奉天府（今瀋陽市）。
㉑國技研究會：即「中華國技研究會」。
㉒晨習：晨練。
㉓以強一身者……強吾國家：用能使（我）一人之身強健的（武術），使我的同胞都強健；用使我的同胞都強健的方法，使我的國家強盛。
㉔窮則獨善其身，達則甫善天下：窮困時便獨自修養好自身，得志時就要同時給天下人帶來好處。甫，才。《孟子·盡心上》：「窮則獨善其身，達則兼善天下。」

㉕當：應當。

㉖掌：掌握。

㉗擅作威福：擅自作威作福。擅，自作主張。作威，懲罰。作福，獎賞。

《尚書‧洪範》：「惟辟作福，惟辟作威（辟，君主）。」

㉘以自悅者：用來使自己愉悅的（事）。

㉙吾將以此冊風行宇內：我們將要讓這本書流行於全國。

㉚而以武術同聲之求：而以求武術之同聲。即用這本書作為媒介來尋求志同道合的人。《周易‧乾》：「子曰：『同聲相應，同氣相求。』」

㉛束鹿：舊縣名，今河北辛集市。

㉜李劍秋：一八八一—一九五六年，近代形意拳教育家，曾執教於清華大學幾十年。

㉝世傳：世代相傳。

㉞常：當為「嘗」，曾經。

㉟黃警顧：應為「黃警頑」（一八九四——一九七九年），曾經長期在上海商務印書館工作。

《形意拳術》敘一

我國拳術，傳之最古。自重文輕武之習俗成，而士夫①置之不講②，致習者多推魯無文③之人，不能有所發揮，遂使固有國粹，日久淹沒，良可痛惜！近數十年，經學校之提倡，喚起國人研究之心。始則隨意練習，繼而採入正科。南北兩派分道並馳，各就所師④，以相授受。間有著書立說者，法門務求其廣，形式務求其繁，未能從基本下手，欲學者之獲益難矣。

夫肢體之動作，苟不與精神並運，則流於機械作用，貌合神離。以之飾觀瞻則可，以言實用則未也。

今之拳術，求所謂肢體動作與精神並運者，其莫如形意拳乎！相傳此法創自岳武穆，流傳於大河南北。其法在以意使形，聚氣於小腹，一動一作，形與

意無不聯絡。且練習時又無騰躍跌打之姿勢，但求實用，不尚觀瞻，學者不感困難，然及其習至深奧，則非其它⑤各種拳術所可及。且得以卻病延年，通乎妙道，實合內功、外功而一⑥之：宜乎風行於各學校也。

東鹿李君劍秋精此術，教授於清華學校既有年⑦，就經驗所得編成此冊，黃生方剛⑧請序於余。余門外漢也，未便重違其請⑨，爰⑩述數語以遺之⑪。

民國八年⑫十一月，蔣維喬⑬敘於京師之宜園

【注釋】

①士夫：士大夫，指有地位、有聲望的讀書人。

②不講：不講求，不講習。

③推魯無文：應為「椎魯無文」，魯鈍沒有文化。

④各就所師：各自跟著自己的師父。

⑤其它：現寫作「其他」。

⑥一：統一。

⑦既有年：已經有多年了。

⑧黃生方剛：黃姓學生方剛。

⑨重違其請：難於拒絕他的請求。重違，難違。重，以……為重，難。《漢書・孔光傳》：「上重違大臣正議。」

⑩爰：乃，於是。

⑪遺之：贈給他。遺，音ㄨㄟˋ，贈予。

⑫民國八年：一九一九年。

⑬蔣維喬：一八七三—一九五八年，字竹莊，號因是子，江蘇武進人。前清廩生，早年肄業於南菁書院。青年時在商務印書館任編輯，一九二一年任江蘇省教育廳廳長。後任東南大學校長、光華大學教授。新中國成立後，任上海文史研究館副館長。著有《因是子靜坐法》。另編有《中國近三百年哲學史》等。

《形意拳術》敘二

人民體質強弱，關乎國家之盛衰。西人以體育為三大要素之一，國人莫不講求，是以舉國體育無不強者①。我國奧古②以來，崇尚文風，不事武備。武術一道，久棄弗用③，以致人民體質日羸④，思之良好浩歎！

王君俊臣、張君遠齋、李君劍秋均為形意中之巨擘⑤，怵國粹之沉淪，憫體育之不振，屢思提倡形意拳術者久矣。

今李君將以數十年經驗所得之奧秘，更悉心研究，集句成書，欲使武術發展普及全國，庶養成人民勇武之體魄，革除文弱之頹風，得與列強相頡頏⑥。苦心孤詣，欽佩實深！

敝人等則身戎行⑦，每於白刃相交，柔弱者輒為強健者所刺傷；即曠日持久，使壯人率能忍勞耐苦，終獲勝利，斯實體質強弱利害之明證⑧。今劍秋君具此苦心，拯救柔弱，功德誠無涯量。書成，囑序於余。余按章披覽，覺語語入微、言言中肯，觀畢，竟有按劍起舞之概⑨，洵⑩近世體育書中傑作也，爰濡⑪筆而為之序焉。

時在己未孟冬，保陽李海泉、安平張雪岩同序

【注釋】

①西人以體育為……無不強者：西方人把體育作為德育、智育、體育三大要素之一，他們的國民無不修習研究體育，因此全國沒有體育不強的人。是以，所以，因此。

②奧古：當指「上古」。

③弗用：不用。

④日羸：一天天羸弱。

⑤巨擘：大拇指。比喻傑出的人物。《孟子．滕文公下》：「於齊國之士，吾必以仲子（陳仲子）為巨擘焉。」擘，音ㄅㄛˋ，拇指。

⑥頡頏：抗衡。

⑦則身戎行：當為「廁身戎行」，置身於軍隊之中。

⑧每於白刃相交……斯實體質強弱利害之明證：每每在白刃相交的搏鬥中，柔弱的人總是被強健的人刺傷；就算遇上曠日持久的戰鬥，假使你是身體強壯的人，則通常能夠忍勞耐苦，堅持到最後的勝利，這實在是體質強弱的利害關係的明證。即，即便，就算。使，假使（是）。斯實，這實在（是）。

⑨概：通「慨」，感慨。

⑩洵：誠然（是），實在（是）。

⑪濡：沾濕。

自序

形意拳術，傳自北魏達摩禪師。至宋岳武穆王①得其傳，常②以槍與拳合立之一法以教將佐，名曰形意，「形意」之名自此始。歷金、元、明數代，此術之傳不可考。

至明末清初，蒲東諸馮人有姬公際可字隆風者，訪名師於終南山，得武穆王拳譜，以授曹繼武先生。曹以授姬壽先生。姬先生序武穆拳譜而行之於世，即今通行之《形意拳譜》也③。

同時，洛陽有馬學禮者亦得其傳。④咸豐間，祁縣戴龍邦與其弟陵邦俱習藝於馬公家，盡得其術，名震山右⑤。同治末，深州李洛能先生遊晉⑥，聞戴名，訪之。好其術，學之九年而技成。及東歸，設學授徒，從其遊者頗眾。直隸之有形意拳術，自李先生始。

先生既歿，繼其傳者，博陵劉奇蘭先生外，郭雲深、車永鴻、宋世榮、白西園等先生皆得形意之要⑦。劉奇蘭先生傳諸其子錦堂、殿琛、榮堂三先生及其弟子李存義、周明泰、張占魁、趙振標、耿繼善諸先生；郭雲深先生傳諸劉勇奇、李魁元諸先生。李存義先生傳諸尚雲祥、郝恩光諸先生及其子彬堂先生；張占魁先生傳諸韓慕俠、王俊臣、劉錦卿、劉潮海、李存副諸先生及其子遠齋先生；李魁元先生傳諸孫祿堂諸先生。余叔祖文豹、父雲山皆從學於李存義、周明泰二先生，余因得家傳⑧。

回念幼時多病，中外醫士俱無術為治，遂專習形意拳術。不特⑨病癒，且增健焉，形意之為大用誠無疑也！屢思公諸⑩大家。

民國元年，劉殿琛、李存義、張占魁、韓慕俠、王俊臣諸先生先後發起武士會⑪於天津及倡尚武學社⑫於北京。其後，孫祿堂先生又有《形意拳學》之著，余猶以為此術之發達僅偏於北部⑬，而孫先生所著，流傳亦未為甚廣，因不揣謭陋，而勉為是書⑭焉。

民國八年十二月十九日，東鹿李劍秋⑮序

【注釋】

①岳武穆王：即岳飛。

②常：應為「嘗」，曾經。

③姬先生序……《形意拳譜》也：姬壽先生為岳武穆王拳譜作序而使之流行於世，這就是現在通行的《形意拳譜》。

按：《形意拳譜・六合拳論》：「姬壽云『文武古今之聖傳，俱是國家之大典；上有益於社稷，下能遮禍避凶，此身不可闕也。……』」據此知「六合拳論」是姬壽先生的作品。

④同時……亦得其傳：同一時期，洛陽有一位叫馬學禮的也得到了形意拳的傳授。

⑤咸豐間……名震山右：咸豐年間，山西祁縣的戴龍邦與他弟弟戴陵邦都在馬學禮先生家學藝，完整地得到了這門拳術，名震山西。山右，山西省舊時的別稱，因在太行山之右（西）而得名。

⑥同治末……先生遊晉：同治末年，河北深州的李洛能先生遊歷到山西省。晉，山西省。

⑦要：要領，要訣。

⑧余叔祖文豹……余因得家傳：我的叔祖李文豹、父親李雲山都是跟李存義、周明泰兩位先生學的，我因此得到了家傳。叔祖，父親的叔父。

⑨不特：不只，不僅，不但。

⑩公諸：公之於，公開給。

⑪武士會：即天津「中華武士會」，一九一二年成立。

⑫尚武學社：即北京「中華尚武學社」，一九一二年成立。

⑬北部：北方。

⑭是書：這本書。

⑮李劍秋：李英傑（一八八一——一九五六年），字劍秋，河北束鹿縣人，幼習形意拳，他的叔祖李文豹、父親李雲山都是清末形意拳大師李存義、周明泰的徒弟，他的形意拳得自家傳。曾任北京偵探隊武術教員（一九〇九——一九一二年），北京尚武學社教員兼教務長（一九一二——一九一三年）。一九一四至一九五六年，執教於清華大學（一九二八年前為清華學校），與著名體育教育家馬約翰同事，是近代將形意拳術傳入大學的先驅者。

在清華執教期間，曾於一九一八至一九一九年，赴荊州「長江上游總司令部」（總司令吳光新）教授拳術及拼刺。一九二五年，又赴南京中央軍校教授國術近一年。抗日戰爭時期（一九三七——一九四五），他沒有隨校南遷。期間，一九三九年六——八月，他曾去太行山天明關鹿鐘麟處教太極拳兩個月。一九四二——一九四五年，他曾在藝文中學和師大女附中教武術。

李劍秋先生一生教過的學生、徒弟很多，像黃方剛（黃炎培的長子）、冀朝

鼎（冀朝鑄的哥哥）、徐永煐（曾任中共中央《毛澤東選集》英譯委員會主任）等都是他的徒弟。

（按：以上主要根據黃延復《李劍秋與清華早期武術教學》編寫）。

《形意拳術》初步凡例

一、形意拳術本有五行拳、十二形拳，及各種套拳，如連環拳、雜式捶，及對拳，如五行生克拳、安身炮，茲但述①五行拳、連環拳，良以②五行拳為一切形意拳之根本，餘皆自五行拳變化而出③。昔郭雲深先生專習形意，善以崩拳擊人，彼意謂④普通拳術之所以不如形意拳者，蓋華而鮮用⑤耳。然按之⑥創作時，豈不可用哉？而竟至不可用者，以始而簡潔，繼而增繁，終至失其本意耳！故唯恐形意拳術之繼趨漸華，而亦蹈此弊⑦不能使學者務其基本以自發其有⑧，爰編之為此。其增以連環拳者，欲使學者於單習一種之暇⑨，更作五種聯合之操練，於此即可知拳術之為何變化耳。不列對拳者，以交手之時，既不可拘拘於一定之對法，且其對法亦不易筆述也。學者誠能於五行拳稍有根基之後，結伴互相操練手法，種種妙法可自得之，本不必籍乎⑩書焉。

二、五行拳中各拳，理一貫而勢不同。勢不同，易為也。理既一貫，則初學時專習一種，習一年或半年後，對於此一種已有心得，然後遍習他種，則不數日而他種之勢皆得，同時，理勢相合。雖數日之功，而實不減於一年、半年習一種之功，何也？初習一種至一年、半年之久者，非其勢之難，實會⑪其理之難也。一種之理會，即他種之理會，故於他種但習其勢，使前已會得之理⑫與後所習之勢相合耳，其功故較易也，此經濟之道。學者誠能專習一種，依此而行，獲益必多。最好先習劈拳，因每拳起首必作劈拳勢，不先習劈拳，即無以習他拳。

三、本篇於正述之先，作數語為引言，總論及第一、二兩章是也。

四、本篇第六章「形意拳術之要點及其研究」，其中但舉一二為例而研究之，其餘未經筆述者甚多，希學者能於精省⑬後，以科學研究方法一一發明之。

五、後附《形意拳譜》中之要論及交手法，中多要語，並有不可解之字句，蓋久而漸異乎原本也，學者不可不細體察之。

【注釋】

①茲但述：這裡只講述。

②良以：實在（是）因為。

③餘皆自五行拳變化而出：其餘的都是從五行拳變化來的。

④彼意謂：他的意思是認為。

⑤華而鮮用：花哨而少有用處。

⑥按之：考查。

⑦繼趨漸華，而亦蹈此弊：跟著漸漸趨向於花哨，也產生這種弊端。

⑧自發其有：自己發揮它本來就有的東西。

⑨暇：閒暇，餘閒。

⑩籍乎：借助於。
⑪會：領會，領悟。
⑫會得之理：領會得到的道理。
⑬精省：深刻領會。

《形意拳術》（一九一九年版）目次

形意拳術 總論

夫拳術為用大矣。強健身體，防禦外侮，其大綱也①。實即為我國國粹，然我國人能之者絕少。在昔②士子③，多汲汲④從事科舉之道，攫取⑤功名；其餘工藝之徒⑥、商賈之輩⑦，知識學問更屬缺乏。以是⑧強身之道，幾⑨無有顧而問之者。區區拳術之傳，又何往普及哉？外人「病夫」之譏，良有以也⑩。

自列強武器之輸入，競⑪以槍炮為利器，而拳術益替矣⑫！然外人之僑居我國者，每觀我國拳術而不勝讚歎驚訝焉。每有從而學之者，侈然⑬以示其國人，眾咸⑭奇之。

以我國人所鄙夷而不屑學者，外人見之，而反願得其傳。說者謂⑮此皆⑯凡人好奇之心性使然，然拳術之未嘗無價值，即此已可見一斑矣。我國人欲定

其價值者，當先知所取捨、知所研究，即得之矣⑰。

【注釋】

①其大綱也：是它最根本的(用處)。綱，網上的總繩，比喻事物的根本。

②昔：往昔，過去。

③士子：猶「學子」，舊時讀書人的通稱。

④汲汲：心情急切的樣子。

⑤攘取：當為「篡取」，奪取。

⑥工藝之徒：工人。

⑦商賈之輩：商人。

⑧以是：因此。

⑨幾：幾乎。

⑩外人「病夫」之譏，良有以也：外國人譏諷我們為「東亞病夫」，確實

有一定的道理。

⑪競：競相。

⑫益替矣：更加被替代了，即更加廢棄了。

⑬侈然：驕傲地。

⑭咸：都。

⑮說者謂：有人說。

⑯此皆：這都是。

⑰即得之矣：就得到要領了。

第一章　拳術之功用

長跑、短跑、跳遠、跳高、跳欄、撐杆跳、擲鐵球、鐵餅、標槍、足球、籃球、網球、游泳、鐵杠、木馬諸種運動，除游泳、足球、籃球外，用力之處皆有所偏。如跑跳，則下身用力大於上身；擲鐵球、鐵餅，則臂與肩用力大於腿與足。若習此種運動，則其肌肉之發達、氣力之增加，必局於①某部位，而他部若②未經練習者也。必欲③盡其類而皆習之，以偏④獲其益，則於時間既不經濟，而此種運動器具與地場⑤，則學校內亦未必完備，若在它處，則更難於遂願。若習拳，則必全身齊力，凝神集氣。目欲其明捷，肢欲其活潑，頸欲其靈旋，腹欲其堅實。體既如是，而精神團結，意志果決，剛毅之氣、忍耐之力於是乎生矣。且不變無，所擇不待於廣；徒手而操，不待於器⑥。其利便⑦

為何如哉？論其應用，不特⑧保護一身，更可保護他人。扶弱抑強，俠義之風，即於此基之⑨。習拳術之利益，非較習各種運動而有特別優點乎？

【注釋】

①局於：侷限於。

②若：好像。

③必欲：（如果）一定要。

④偏：應為「遍」，由繁體字「徧」而誤。

⑤地場：場地。

⑥且不變無……不待於器：且沒有什麼不便，所選擇的場地不需要很大；徒手操練，不需要器械。不變，當為「不便」。

⑦利便：便利。

⑧不特：不只。

⑨即於此基之：就在這裡為它（指扶弱抑強的俠義之風）建立了基礎。

第二章　形意拳術之功用

拳術之功用，既於前章言之矣，形意拳術功用亦不外是①。形意拳術者，應用既勝於普通諸拳術，而習之尤利便。無論男女老少，苟②志於是，則皆無所困難也。何以知之？曰：無騰躍，無打滾，但求實用，不求可觀，以是知其無難也。若習之而達於深奧，則雖力勝於己者，亦不難擊之於丈外，制敵之命，易如反掌焉！

顧③形意之效用，不盡在是④，尤能使精神充足，做事敏捷。前者可卻病延年，後者可有為於世：此即其功用之最大者也。

【注釋】

①亦不外是：也不外乎是這樣。是，這。

②苟：只要。

③顧：但。

④不盡在是：不全在此。

第三章　形意拳術之基本五行拳

行拳者，劈拳、崩拳、攢拳、炮拳、橫拳也，分五節以演之。

第一節　劈　拳

拳名劈者，以①其掌之下②，如斧之劈也。練時，眼看平或看前手，頭向上頂，胸任③開展，小腹鼓氣④，臂向前挺⑤，兩膝稍屈，而兩胯相夾甚緊，足隨手前推前進⑥。其前進之形如箭，蓋其進也直而速⑦，及其著地⑧，則如箭之中物⑨，足趾緊扣住地，固而不易拔⑩矣。

步之大小，隨身之長短⑪。前腿雖有前進意，而亦含後扣⑫意；在後之腿雖屹立不前⑬，而頗有前催意；前後相夾，不亦穩乎？

其餘各部，其用力始終依前所云⑭。收回手時，收法在用力拳屈⑮各指，如拉重物然。收至心口，掌復⑯變為拳矣，於是更自⑰心口發出。須留意者，凡後拉而變掌為拳時，其掌皆含有下壓之力；凡拳前伸時，皆含有上挑之力。其故維何？蓋以其掌在前所止之處，較心口稍高也。進大步時，後足即上墊⑱，使兩足距離有定，以免不穩之患。劈拳中，凡隨拳而出之步，皆屬墊步。在劈拳內，手足皆相隨而為一者也⑲。餘從略。

【注釋】

①以：因為。

②下：劈下。

③任：聽任，任其。

④小腹鼓氣：即氣沉丹田，以腹式呼吸為主。

⑤臂向前挺：臂部向前包住。
⑥足隨手前推前進：腳隨著手的前推而前進。
⑦直而速：路線直而速度快。
⑧及其著地：到前腳著地時。
⑨則如箭之中物：就像箭射中獵物。
⑩固而不易拔：牢固而不容易移動。
⑪步之大小，隨身之長短：步距的大小要隨著身體的高矮來定。
⑫後扣：指前腳腳趾抓地，前腿後撐。
⑬不前：不往前進。
⑭依前所云：照前面所說的。
⑮拳屈：蜷曲。
⑯復：又。
⑰更自：再從。

⑱上墊：往上（即前）墊步。

⑲在劈拳內……為一者也：在練劈拳時，手與腳要相隨，而成為一個整體。

第二節 崩拳

崩之為義山垮也①。山之垮，其勢必甚猛，而此拳之性似之，故名。須注意者，右肘終須裡裹，與劈拳同；庶幾肘穴向上，微見下彎，則全肢不覺僵直矣②。此中妙處，久習自得（見第六章）。

足尖平直前射，右足竟可與左足跟接觸，壯其勢也③。同時，身須直挺，頭上頂，切勿下垂。腿勢必微彎，以步過小④。

【注釋】

①崩之為義山垮也：「崩」的意思是山垮塌。

②須注意者……不覺僵直矣：需要注意的是，右肘（按：此處本意指出拳一側的肘，不限於右肘）始終要裡裹（按即往中線裏擠），與劈拳要求相同；這樣保持肘窩朝上，手臂微往下彎，則整個上肢就不至於顯得僵直了。庶幾，（這樣）才能。肘穴，肘窩。

③足尖平直前射……壯其勢也：左腳尖平直向前射出，右腳跟步，甚至可以跟到右腳趾與左腳跟挨住，這是為了使進攻之勢更壯。

④腿勢必微彎，以步過小：兩腿必須微彎，因為（定勢時）兩腿步距過於小。

第三節 攢拳

攢之為義，聚也①。此拳之動作有似手②攢，故名。步法多與劈拳同，從略。

【注釋】

①攢之為義，聚也：攢（ㄘㄨㄢˊ）的意思是聚集、集中。

②手：據一九二二版，此字應為「乎」。

第四節 炮拳

炮之取義與崩略同，謂其拳之作用似炮也。此拳係破敵從高擊下之拳也。

蓋形意妙處，每發拳攻人，同時可自護；及人攻我而我自護時，我亦能即此①

攻人，故人每不及自禦也。兩腿微彎，右腿有前催之力。而在前之左腿，則雖前向②，亦頗含有穩立意。同時，將全身之氣收聚於小腹，暗運於四肢，則其二臂之力本不多者，至此終須增加數倍矣。以其數倍其力，故雖壯夫，莫之能當也。

【注釋】

①即此：就著這個（自護的動作）。

②前向：向前。

第五節 橫 拳

此拳用法，不直而橫，故名橫拳。練時肘要緊裹，後拳自前臂肘下發出，切記。

第四章　進退連環拳

進退連環拳者，連五拳而成者也。凡十一著①：一、劈拳；二、崩拳；三、退步崩拳；四、順步崩拳；五、雙橫拳②；六、炮拳；七、退步劈拳；八、劈拳；九、攢拳；十、劈拳；十一、崩拳；十二、作崩拳轉身。轉後次序仍如前③，至再作退步崩拳時止④，即以退步崩拳收式。

【注釋】

①凡十一著：共十一招。

②雙橫拳：即「白鶴亮翅」。

③轉後次序仍如前：轉身後往回打的順序，仍和前面往出打的順序一樣。

④至再作退步崩拳時止：打回到出發地，再回身，至打出退步崩拳時停止。

第五章　形意玄義①

「形」者，式也；式在外，人得而見之②。「意」者，志之所在也；意非形，人莫得而見之③。意主乎形；形不能自動，凡形之動，多意使之④。雖心肺等無意而終不息其運動，然心肺實未嘗自動也，此近世生理學家所公認者⑤。

凡形之動，其機在筋肉⑥。筋肉強壯而意不銳敏，則力雖大而其動遲⑦。筋肉既強壯而意又銳敏，庶乎善矣⑧。雖然，猶未也⑨。

設令其驟遇強敵，倉卒之間，欲其處以常態、應以妙手，上難矣哉⑩！是猶令未學之孩童，初試其手工也，鮮克⑪心手相應。然久習形意拳者，則以不難為之矣。

夫今之新教育家，每竭力提倡工藝。工藝之要，惟在心手相應耳。然則設有精通形意之術以習工藝者，其習之也，當較易矣。

由是觀之，形意之功用，冊⑫僅限於強身自衛哉？抑⑬又有進於是者。聚氣於胸，則喘面⑭不久；聚氣於小腹，則久而不礙呼吸。漸積漸充，而此氣浩然，更可以意導之。

若當拳擊出時，則導之於拳，是不啻⑮以全身之力，運而聚於拳之一點，其勢之猛，寧可當耶？若偶犯不適，則導氣於病處；血來貫注，其中白血輪⑯，實能殺微生物而去其病。且剛直之氣，充塞兩間⑰，精明強幹，神色粲然，孟子所言⑱，豈欺吾哉？必如此，始可以膺⑲重任。其為社會，為一己，謀事均無遺憾矣。今但舉其大概如此，若夫神而明之，尤在於善悟者。

【注釋】

①玄義：玄妙精深的義理。

②「形」者……人得而見之：「形」是形式，形式表現在外面，人能夠看見它。

③「意」者……人莫得而見之：「意」是內在的心理活動，意不是形式，人不能看見它。

按：南宋・朱熹：「意者，心之所發也。」

④意主乎形……多意使之：內意掌管外形；外形不能自動，凡外形的各種動作，都只是由意使它產生的。多，猶「只」。

⑤雖心肺等……所公認者：雖然心肺等在沒有意識指揮時始終保持不停地運動，但是心肺其實並沒有絕對地自動，這是近代生理學家所公認的事實。

⑥凡形之動，其機在筋肉：一切外形的動作，它的機制在於有關肌肉（骨骼肌）的收縮。

⑦筋肉強壯……而其動遲：（骨骼肌的收縮受意志的支配，所以）即使肌肉強壯，但假如意志不敏銳的話，則力量雖大，而行動遲緩。

⑧庶乎善矣：（才）差不多（算是）完善了。

⑨雖然，猶未也：雖然如此，還有未到之處。雖，雖然。然，如此。

⑩設令其……上難矣哉：假設讓他突然遭遇強敵，倉卒之間，要他不失常態，以巧妙的招數應對，這是上難的事！倉卒，同「倉猝」，匆忙，急遽。

按：這句是說，有了強壯的肌肉和敏銳的意志也還是不夠的，必須如下文所說，習練形意拳術，才能達到心手相應。

⑪鮮克：很少能。鮮，音ㄒㄧㄢˇ，少。克，能。

⑫冊：豈，難道。

⑬抑：抑或，還是。

⑭面：「而」之誤。

⑮不啻：不僅僅。啻，音ㄔˋ。

⑯白血輪：白細胞。

⑰兩間：天地之間。

⑱孟子所言：這裡當指《孟子・公孫丑上》：「我善養吾浩然之氣。」「其為氣也，至大至剛，以直養而無害，則塞於天地之間。」及《孟子・盡心

上》：「君子所性，仁義禮智根於心，其生色也睟然，見於面，盎於背，施於四體，四體不言而喻。」

⑲膺：承受。

第六章　形意拳術之要點及其研究

形意拳術之要點凡四：

一、閉口，舌抵上齶，津生則咽下

閉口者，所以保氣之不外泄，而防空氣中之穢物入口也。不但習拳時宜如此，凡不用口時皆宜如此。

舌抵上齶者，所以生津液，使口不乾燥也。

津生下咽，則更使喉間亦滋潤也。

二、裹肘，垂肩，鼓腹，展胸

裹肘則臂必彎曲，微彎則肩之力可由此而運至於手。此一要點，凡形意門中拳數皆不能脫離於此。試論劈拳：必如此而全身之力始能運①五指之端。故人每以為五指力弱，安能擊人而仆之於丈外？而不知五指之力果②弱，今得全身之力皆聚於此，則亦何難為哉？若不裹肘則臂僵③，僵則力止於臂而不能外發，學者盍④一一試之，即可知矣。

垂肩者，使氣不浮，而下聚於小腹也。若不垂肩，其能久持⑤者幾希⑥矣。鼓腹者，聚氣於小腹也⑦。人身有二大藏氣處，一為肺，一為臍下小腹。藏氣於肺，則不久必放⑧，呼吸使之然也。

今藏氣於小腹，則肺之呼吸既不能引之外泄，而積氣於此，亦無礙於呼吸，如是⑨氣當舒足，必能持久。不然，甫⑩交手而喘聲大作，面紅耳赤，心跳勃勃，脈張力竭，殆矣⑪！

展胸者，所以使積氣不礙呼吸⑫也。每有欲聚氣於小腹，而強迫肺中之氣於小腹者。其迫之也，必抑⑬胸使平，其結果必至於肺部不發達，而呼吸多阻礙，傷身最甚矣！故今雖鼓氣於小腹，而於肺則一任其自展，庶即⑭可無害矣。

三、兩腿相夾，足趾抓地

兩腿相夾者，即所以免身之前後傾倒也。嘗⑮見壯漢鬥一較弱而活潑者，以壯漢之力而論，宜足以勝敵也，而每有戰敗者，用力偏也。蓋當其進步時，或全身前傾，毫無後持之力，故其敵得借其力、乘其勢以仆之⑯。

足趾抓地，即所以使身更穩固也。

四、目欲其明，欲其敏，更欲其與心手相應

交手之時，原全恃乎心手之作用。而據其最重要之地位者，目是也⑰。目而不明、不敏，不能與心手相應，而能勝人者，亦鮮矣。此理人皆知之，然用

目於交手之時當若何？此則所宜研究者也。

㈠交手之時，高則視敵之目。以其之所視，必其手之所向也⑱。㈡中則視敵之心。以其手之出入必在心前也。㈢下則視敵之足。以其足之所向，即其身之所在也。

【注釋】

①運：運到。

②果：確實。

③僵：僵直。

④盍：何不。

⑤久持：持久。

⑥幾希：很少。《孟子・盡心上》：「舜之居深山之中，與木石居，與鹿豕遊，其所以異於深山之野人者幾希。」

⑦鼓腹者，聚氣於小腹也：即以腹式呼吸為主，氣沉丹田。
⑧放：放出，即呼出。
⑨如是：像這樣。
⑩甫：才。
⑪殆矣：危險了。
⑫積氣不礙呼吸：積氣於小腹但又不妨礙肺部的呼吸。
⒀抑：壓制。
⒁庶即：差不多就。
⒂嘗：曾經。
⒃仆之：使之仆倒。
⒄而據其最重要之地位者，目是也：而據於最重要的地位的，是眼。
⒅以其之所視，必其手之所向也：因為他的眼所注視的方向，一定是他要出手進攻的方向。以，因為。其，他，指對手。

第七章　形意拳術之特長處

形意拳術之較長於普通拳術者凡三端①：

一、身穩氣平

每見習普通拳術者，輾轉騰躍，時②用足踢人。非不美觀也，非不可謂為一種運動也，然不足以交手，何也？我勞人逸，我危人安也。夫兩相交手時，兩足猶恐不能穩立，寧③有暇分其一足以踢人乎？苟④踢而不中，其敗也必矣。且二目瞿瞿靜觀敵之動以應⑤可也，何為而騰躍以自勞乎？形意則無如此無益之舉動。

二、拳法簡捷

普通之拳術，其臂之動也，守為一著，攻為一著。若人攻我，則必先禦之，而後得攻之。形意則不然，攻即守，守即攻，一著而備二用。何以言之？曰，試論劈拳之拳式：設人以左拳攻我心口，無論其拳之高低如何，我但⑥進步向其右旁，以右劈作劈拳之拳式，架住其臂，是⑦我已自防矣；同時我但如此前進，我臂即斜刺擦其臂而前。苟其手不敏，必中我拳矣，此「守即攻」之謂也。苟其手而敏，則必將我拳撩起外推，然我於是即乘其撩推之勢而抽回我拳，同時將拳漸向下沉，沉後變拳為掌，驟成劈拳，前推其身，彼⑧欲防備不及矣⑨，何也？彼之撩而推也，必用大力，勢難一時收回，我則本借其力，而急欲攻之者也。我但作一圓圈，而彼已中我拳矣⑩。我一臂攻之，而使其不暇自防，更無暇攻我，是不啻⑪「攻即守」矣，形意拳術不誠靈便乎？

或曰：「崩拳甚直，恐無如此妙用。」應之曰：「崩拳已有二用。」苟敵攻我之拳而高也，則我拳自其拳下斜入，作上挑之力。當我拳斜入時，我身必進至敵之旁，則彼之拳我已躲過。我今在其拳下作上挑之力，同時又不廢⑫前擊，則彼拳即欲下壓我拳，必已不及；即及⑬，亦不能竟壓我拳，以⑭我已預防也，而同時彼身已中我拳矣。苟敵攻我之拳而低也，則我拳自其拳上斜擊，作下壓之力。彼拳被我壓下，則其臂之長不能及⑮我身，而我拳自彼拳上擦過，已中其身矣。孰謂⑯崩拳無二用乎？

三、養氣壯志

此長處惟作內功者始能得之，形意則內外功兼有之，廣如第五章所說。

【注釋】

①凡三端：共三點。

②時：有時，時不時。

③寧：豈，難道。

④苟：假如。
⑤應：應對。
⑥但：只（需）。
⑦是：這樣。
⑧彼：他。
⑨不及矣：（已經）來不及了。
⑩中我拳矣：被我的拳擊中了。
⑪不啻：不僅僅。
⑫不廢：不放棄。
⑬即及：就算來得及。即，即使，就算。
⑭以：因為。
⑮及：觸及。
⑯孰謂：誰說。

附　岳武穆①形意拳術要論

民國四年夏，余②南歸，過③吾鄉原公作傑家，取其所藏武穆拳譜讀之，中有④要論九篇、交手法一篇，雖字句間不無差誤，然其行文瑰瑋雄暢，洵為⑤武穆之作。而論理精透，尤非武穆不能道⑥。

余曰：此形意舊譜也，得此靈光，形意武術，其將日久而彌彰⑦乎！急錄之，攜入京師⑧，公諸同好。天下習武之士，與凡素慕武穆其人者，其守此勿失可也。濟源⑨後學鄭濂浦謹識。

【注釋】

①岳武穆：即岳飛（一一〇三—一一四二年），南宋抗金名將。字鵬舉，

相州湯陰（今屬河南）人。宋高宗紹興十一年臘月二十九日以「莫須有」的罪名與子岳雲及部將張憲同被殺害。孝宗時平反，追謚「武穆」；寧宗時追封「鄂王」，改謚「忠武」。所以後人敬稱為「岳武穆王」「岳鄂王」「岳忠武王」。

②余：我。

③過：訪，探望。

④中有：其中有。

⑤洵為：確實是。

⑥不能道：講不出來。

⑦彌彰：更加彰明。

⑧京師：指北京。

⑨濟源：河南省濟源縣，現濟源市。

第一章　一要論①

從來散之必有其統也，分之必有其合也②。以故天壤間四面八方，紛紛者各有所屬；千頭萬緒，攘攘者自有其源③。蓋一本散為萬殊，而萬殊成歸於一本，事有必然者④。且武事之論，亦甚繁矣⑤。而要之千變萬化，無往非勢，即無往非氣⑥。勢雖不類，而氣歸於一⑦。

夫所謂「一」者，從上至足底，內而有臟腑、筋骨，外而有肌肉、皮膚、五官之百骸，相連而一貫也⑧。破之而不開，撞之而不散。上欲動而下自隨之，下欲動而上自領之，上下動而中節攻之，中節動而上下和之。內外相連，前後相需。所謂「一貫」者，其斯之謂歟⑨！

而要非勉強以致之，襲為之也⑩。當時而靜，寂然湛然，居其所而穩如山

岳；當時而動，如雷如塌，出乎爾而疾如閃電⑪。且靜無不靜，表裡上下，全無參差牽掛之意；動無不動，左右前後，並無抽扯游移之形⑫。洵乎若水之就下，沛然而莫之能禦；若火之內攻，發之而不及掩耳⑬。不假思索，不煩疑義，誠不期然而然，莫之致而至⑭！

是豈無所自而云然乎⑮？蓋氣以日積而有益，功以久練而始成⑯。觀聖門一貫之傳，必俟多聞強識之後，豁然之境，不廢格物致知之功⑰；是知事無難易，功惟自盡⑱。不可躐等，不可急遂⑲。按步就步，循次而進⑳，夫而後官骸肢節，自有通貫；上下表裡，不難聯絡㉑。庶乎散者統之，分者合之，四體百骸，終歸於一氣而已矣㉒。

【注釋】

①一要論：本章講「一貫」，即由「統」與「合」而形成整勁。

②從來散之……必有其合也：自來把一串東西拆散之後，一定還能用一根線索將它們貫穿起來（因為它們本來曾經是一串）；一個整體剖分之後，一定還

能將它們整合起來（因為它們本來曾經是一個整體）。統，統貫。合，整合。

③以故天壤間……自有其源：因此，天地間四面八方眾多的物品，各有其所從屬的統系（緒）；天地間千頭萬緒亂紛紛的事情，自有其所從來的本源。以故，因為這個緣故，因此。天壤，天地。紛紛，眾多貌。擾擾，紛亂貌。

④蓋一本……事有必然者：總之，從一個本源出發，能夠分散成千萬種不同的事物；而各種不同的事物，又都歸因於同一個本源。這是事物的必然規律。蓋，發語詞。成，據一九二二年版，此處為「咸」。咸，全，都。

⑤且武事之論，亦甚繁矣：且關於武事的理論（論述）也有很多。武事，與軍隊和戰爭有關的事。這裡指武術、拳術。

⑥而要之……無往非氣：而總的來說，千變萬化，無處不是勢，即無處不是氣。勢，形勢，架勢。氣，氣脈，指身體各部內在的連貫性。

⑦勢雖不類，而氣歸於一：拳勢雖然有種種不同，而內在的（連貫）一氣都是相同的。

⑧夫所謂……相連而一貫也：所謂「一貫」，是指從頭頂到腳底，將身體內部的臟腑筋骨，和身體外部的肌肉、皮膚、五官及各個骨節連成一條線。百骸，各個骨節。貫，古時穿錢的繩索。

五官之百骸，一九二二年版無「之」字。

⑨破之而不開……其斯之謂歟：劈不開，撞不散。上節要動而下節自然跟隨，下節要動而上節自然引領，上節、下節要動而中節自然配合加強，中節要動而上、下兩節自然應和。內外相連，前後呼應，所說的「一貫」，就是這個意思吧！破，劈開。

⑩而要非勉強以致之，襲為之也：而最主要的，這種「一氣貫穿」的本事，不是勉強可以得到，也不是一時的努力可以成功的。致，取得。襲為之，即「襲取之」，一九二二年版為「襲焉而取之」，指通過一時的努力輕巧地取得。襲，乘人不備而進攻。《孟子．公孫丑上》：「是集義所生者，非義襲而取之也。」

⑪當時而靜……疾如閃電：該靜的時候，安靜澄澈，在自己的位置上穩如山岳；該動的時候，如雷炸、如山塌，出勢快如閃電。寂然，安靜的樣子。湛然，澄清的樣子。寂然湛然，指身心既安靜又乾淨。出乎爾，（拳勢）從你身上發出。《孟子・梁惠王下》：「出乎爾者，反乎爾者也。」

⑫且靜無不靜……並無抽扯游移之形：而且一靜則沒有不靜之處，身體的裡面外面、上部下部完全沒有參差不齊及牽連掛礙的意思；一動則沒有不動之處，無論左右方向還是前後方向，一點也沒有抽扯不動或游移不定的表現。

⑬洵乎若水之……不及掩耳：確實像洪水一瀉而下，洶湧奔流而不能抵禦它；又像火藥引燃，立刻爆炸而來不及捂住耳朵。洵，誠然，確實。沛然，水奔流的樣子。《孟子・梁惠王上》：「由水之就下，沛然誰能禦之？」（由，通「猶」，如同。）莫之能禦，「莫能禦之」的倒裝。

⑭不假思索……莫之致而至：（這種理想的效果）不必藉助於臨時的思索，更不必麻煩去提前設計，實在是沒有期望那樣而那樣，沒有去請而到來！疑

義，應為「擬議」，行動之前的忖度、思量和議論。《易・繫辭上》：「擬之而後言，議之而後動，擬議以成其變化。」莫之致而至，即「莫致之而至」。致，招致。《孟子・萬章上》：「莫之為而為者，天也；莫之致而至者，命也。」

⑮是豈無所自而云然乎：這難道是沒有根據的說法嗎？

⑯蓋氣以日積而有益，功以久練而始成：這是氣由於日日積累而不斷增加，功因為長久的練習才達到成熟。以，因為，由於。益，增加。始，才。

⑰觀聖門……格物致知之功：（我們）看聖門一以貫之的傳授，一定得等到有了廣博的見聞並記住很多知識之後，才一下子達到豁然貫通的境界，到此而仍然不停止格物致知的功夫。聖門，孔門。一貫，一以貫之，一種道理貫穿於事物始終。《論語・衛靈公》：子曰：「賜也，女以予為多學而識之者乎？」對曰：「然，非與？」曰：「非也，予一以貫之。」《論語・里仁》：子曰：「參乎！吾道一以貫之。」

俟，等候，等待。多聞強識，博聞強識，也就是「多學而識之」。識，通

「志」，記憶，記住。豁然，豁然貫通。宋・朱熹《大學章句・補第五章之傳文》：「至於用力之久，而一旦豁然貫通焉，則衆物之表裡精粗無不到，而吾心之全體大用無不明矣。」格物致知，這話出自《大學》：「欲誠其意者，先致其知，致知在格物。」朱熹所補傳文為「所謂致知在格物者，言欲致吾之知，在即物而窮其理也。」

⑱是知事無難易，功惟自盡：由此可知，天下的事無論難易，（要想取得成功，）主要在於自己的努力。是知，由是知，由此知。無，無論。功，成績，功效。盡，盡力。

⑲不可躐等，不可急遂：不可以超越等級，不可以急於求成。躐等，逾越等級。急遂，應為「急遽」。遽，急，驟然。

⑳按步就步，循次而進：按部就班，順著次序前進。循，順著。次，次序。

㉑夫而後……不難聯絡：這樣日久功深之後，身體的所有感覺器官、骨

骼、四肢、關節，自然能夠貫通；身體的上部、下部、裡面、外面，不難聯絡起來。官，感覺器官。骸，骨。肢，四肢。

㉒庶乎散者……一氣而已矣：於是將各個零散的部分貫穿起來，分開的部分整合起來，使四肢及全身骨節形成一個完整的整體。庶乎，差不多，於是。統，統貫，貫穿。合，整合。四體，四肢。百骸，所有骨節。一氣，一個（有機的）整體。

第二章　二要論①

嘗有世之論捶者而兼論氣者矣②。夫氣主於一，可分為二。所謂「二」者，即呼吸也，呼吸即陰陽也③。捶不能無動靜，氣不能無呼吸④。吸則為陰，呼則為陽；主乎靜者為陰，主乎動者為陽⑤。上升為陽，下降為陰。陽氣上升而為陽，陽氣下行而為陰；陰氣下行而為陰，陰氣上行而為陽⑥。此陰陽之分也⑦。

何為所清濁？升而上者為所清，降而下者為濁；清氣上升，濁氣下降；清者為陽，濁者為陰⑧。而要之陽以滋陰，渾而言之統為氣，分而言之為陰陽⑨。氣不能無陰陽，即所謂人不能無動靜，鼻不能無呼吸，口不能無出入，此即對待循環不易之理也⑩。

然則氣分為二，而實在於一，有志於斯途者，慎勿以是為拘拘焉⑪。

【注釋】

①二要論：本章講「二氣」，即呼吸。

②嘗有世之論捶者而兼論氣者矣：世上曾經有論述拳術的人同時論述氣。嘗，曾經。捶，拳，這裡指拳術。

③夫氣主於一……呼吸即陰陽也：氣息主要在於一口氣，一口氣又可以分為兩個部分。所謂兩個部分，就是呼與吸，呼與吸就是陽與陰。

④捶不能無動靜，氣不能無呼吸：每一拳不能不分為靜蓄（待發）與動發兩個步驟，每一口氣不能不分為吸氣與呼氣兩個部分。

⑤吸則為陰……動者為陽：吸入的則為陰氣，呼出的則為陽氣；主管靜蓄的為陰氣，主管動發的為陽氣。

⑥上升為陽……上行而為陽：上升呼出的為陽氣，下行吸入的為陰氣。陽

氣一直上升呼出仍為陽氣，陽氣轉而變為吸氣下行則成為陰氣；陰氣一直下行吸到底仍為陰氣，陰氣轉而呼出上行則成為陽氣。

⑦此陰陽之分也：這就是陰氣和陽氣的分別。

⑧何為所清濁……濁者為陰：什麼是清氣與濁氣？上升吸入的為清氣，下降呼出的為濁氣；清氣往上升，濁氣往下降；清輕的為陽氣，濁重的為陰氣。

按：這幾句兩個「所」字，當為衍字。

又按：這裡論述清濁顯得突然，董秀升先生《岳氏意拳五行精義》所附「岳武穆九要論」在「呼吸即陰陽也」之後有「陰陽即清濁也。」更符合原文的內在邏輯。

⑨而要之……為陰陽：總之陽氣滋生陰氣，（陰氣滋生陽氣，）合起來叫作一口氣，分開叫作陰氣與陽氣。

⑩氣不能無陰陽……不易之理也：氣不能沒有陰氣與陽氣，也就是所說的人不能沒有動作與靜止，鼻不能沒有呼氣與吸氣，口不能沒有出氣與入氣，這就

是（一陰一陽、一動一靜、一呼一吸、一出一入）互相對立循環的不變規律。

⑪然則氣分為二……勿以是為拘拘焉：然而氣雖然分為呼與吸兩部分，但還是完整的一口氣，有志於此道（指武術）的人，千萬不要拘泥於這種理論（而強行地去劃分呼與吸，以至於偏離了自然的原則）。

第三章　三要論①

夫氣本諸身，而身之節無定處②。三節，上、中、下也③。以身言之：頭為上節，身為中節，腿為下節④。以上節言之：天庭為上節，鼻為中節，海底為下節⑤。以中節言之：胸為上節，腹為中節，丹田為下節⑥。以下節言之：足為梢節，膝為中節，胯為根節⑦。以肱⑧言之：手為梢節，肘為中節，肩為根節。以手言之：指為梢節，掌為中節，掌根為根節。

觀於是，而足不必論矣⑨。然則自頂至足，莫不各有三節⑩。要之，若無三節之分，即無著意之處⑪。蓋上節不明，無依無宗；中節不明，渾身是空；下節不明，自家吃跌⑫。顧可忽乎哉⑬？

至於氣之發動，要皆梢節動，中節隨，根節催之而已⑭。然此猶是節節而分言之者也；若夫合言之，則上自頭頂，下至足底，四體百骸，統為一節，夫何三節之有哉？又何三節中之各有三節云乎哉⑮？

【注釋】

①三要論：本章講「三節」。

②夫氣本諸身，而身之節無定處：氣的根本是身，而身體的分段沒有一定的方法。本諸身，本之於身，以身為本。節，段。

③三節，上、中、下也：我們可以把身體按三段理論來劃分，即上節、中節、下節。

④以身言之……腿為下節：拿整個身體來說：頭為上節，軀幹為中節，腿為下節。

⑤以上節言之……為下節：拿上節頭來說：額頭為上節的上節，鼻子為上

節的中節，下頦為上節的下節。

⑥以中節言之……為下節：拿中節軀幹來說：胸部為中節的上節，腹部為中節的中節，丹田為中節的下節。

⑦以下節言之……為根節：拿下節腿來說：腳為下節的梢節，膝為下節的中節，胯為下節的根節。

⑧肱：手臂。

⑨觀於是，而足不必論矣：看了上面的論述，則腳的三節就不必講了。

按：這是說，對於腳來說，腳趾是梢節，腳掌是中節，腳跟是根節。是，這。

⑩然則自頂至足，莫不各有三節：這樣說來，從頭頂到腳底，（各節之中，）無不各有三節。

⑪要之……無著意之處：總的來說，如果沒有把身體按三節理論層層劃分，那麼在練習和實戰時，我們就沒有著意的地方。要之，要而言之。

⑫蓋上節不明……自家吃跌：不明白上節的作用，則中節和下節沒的（無所）依從和尊奉；不明白中節的作用，則渾身都是空的；不明白下節的作用，則自己容易被別人打倒。蓋，句首語氣詞。依，依從。宗，尊奉。吃跌，被跌。吃，表示被動。

⑬顧可忽乎哉：（三節的理論）難道可以忽視嗎？顧，豈，難道。

⑭至於氣……催之而已：至於說到氣的發動，概括地說，都是梢節領起，中節跟隨，根節往前催動而已。要，概括，總括。

⑮然此猶是……有三節云乎哉：然而這還是一節一節分開講的；要是合起來講，則上自頭頂，下至腳底，四肢及所有骨骼，總共就是一節，哪還有三節之分呢？又哪還有三節之中各有三節的說法呢？

第四章　四要論①

試於論身、論氣之外，而進論乎梢者焉②。夫梢者，身之餘緒也。言身者初不及此，言氣者亦所罕論③。捶以內而發外，氣由身而達梢④。故氣之用，不本諸身，則虛而不實；不形諸梢，則實而仍虛。梢亦焉可不講⑤？然此特身之梢耳，而猶未及乎氣之梢也⑥。四梢為何？

髮其一也⑦。夫髮之所繫，不列於五行，無關於四體，似不足論矣⑧。然髮為血之梢，血為氣之海，縱不必本諸發以論氣，要不能離乎血而生氣。不離乎血，即不得不兼及乎髮⑨。髮欲衝冠，血梢足矣⑩。

抑舌為肉之梢，而肉為氣囊，氣不能行諸肉之梢，即無以充其氣之量。故必舌欲催齒，而後肉梢足矣⑪。至於骨梢者，齒也；筋梢者，指甲也⑫。氣生

於骨，而聯於筋。不及乎齒，即未及乎筋之梢；而欲足手爾者，要非齒欲斷筋，甲欲透骨不能也⑬。果能如此，則四梢足矣⑭。四梢足，而氣亦自足矣，豈復有虛而不實，實而仍虛者乎⑮？

【注釋】

①四要論：本章講「四梢」。

②試於論身……論乎梢者焉：（這裡）嘗試在論身和論氣之外，再進一步論述一下「梢」。梢，本指樹木的末端，這裡指一般的末端。

③夫梢者……亦所罕論：梢是身體的剩餘部分。講身的從來沒有涉及這個問題，講氣的也罕有論及。

④捶以內而發外，氣由身而達梢：拳從內發向外，（同時，）氣由身的主體而達到身的末梢。

⑤故氣之用……梢亦焉可不講：所以氣的運用，不以身為本（不從身的主

體發出），則身體空虛而不充實；不表現在梢，則雖說充實了但還有空虛之處。梢怎麼可以不加研討呢？本諸身，以身為本，自身具備。《中庸·第二十九章》：「君子之道，本諸身。」朱熹注：「本諸身，有其德也。」

⑥然此特身之梢耳，而猶未及乎氣之梢也：然而這只是說到身的梢，而還沒有論及氣的梢。特，只（是）。

⑦四梢為何？髮其一也：四梢是什麼？頭髮是其中之一。

⑧夫髮之所繫……似不足論矣：與頭髮有關聯的，既不屬於五臟，也不屬於四肢，好像不值得討論。

⑨然髮為血之梢……不得不兼及乎髮：然而頭髮是血的末梢，血是氣的海，縱然不一定要根據頭髮來討論氣，但總不能離開血而產生氣吧。既然不能離開血來討論氣，就不得不同時討論頭髮。

⑩髮欲衝冠，血梢足矣：若能做到頭髮要衝頂帽子，則血梢的氣就充滿了。髮欲衝冠，頭髮直豎，頂著帽子。《史記·廉頗藺相如列傳》：「相如因持

壁卻立倚柱，怒髮上衝冠。」

⑪抑舌為肉之梢……而後肉梢足矣：又，舌頭是肉的末梢，而肉是氣的囊袋，氣不能運行到肉的末梢，就沒辦法充實肉中的氣量。所以必須先做到舌頭要催動牙齒，而後才能使肉梢充滿氣。抑，又。其氣，其中之氣。其，指「肉」。

⑫至於骨梢者……指甲也：至於（說到）骨梢，就是牙齒；（說到）筋梢，就是指甲。

⑬氣生於骨……甲欲透骨不能也：氣從骨裡生出來，而骨又連著筋。不論及牙齒，就沒有論及骨的末梢；不論及指甲，就沒有論及筋的末梢。而要想讓氣充滿骨梢、筋梢，總之非得牙齒要咬斷筋，指甲要穿透骨不能做到。

按：這幾句有缺誤，疑當為：「氣生於骨，而聯於筋。不及乎齒，即未及乎骨之梢；不及乎指甲，即未及乎筋之梢；而欲足乎爾者，要非齒欲斷筋，甲欲透骨不能也。」

筋，附著在骨上的韌帶。足手爾，應為「足乎爾」，使骨梢、筋梢充滿

（氣）。爾，指示代詞，那，這裡指骨梢、筋梢。

按：「氣生於骨」是指氣充滿並穿過骨，不是說「由骨產生氣」，因為下文第五章講「即由五臟而生氣，五臟實為生性之源，生氣之本」，則氣是由五臟的生理活動產生的。

⑭果能如此，則四梢足矣：果眞能做到這些，則四梢的氣就充滿了。

⑮四梢足……實而仍虛者乎：四梢的氣充滿了，則整個身體的氣也自然就完全充滿了，難道還會有虛而不實，實而仍虛的地方嗎？

第五章　五要論①

今夫捶以言勢，勢以言氣②。人得五臟以成形，即由五臟而生氣，五臟實為生性之源，生氣之本，而名為心、肝、脾、肺、腎是也③。心為火，而有炎上之象；肝為木，而有曲直之形；脾為土，而有敦厚之勢；肺為金，而有縱革之能；腎為水，而有潤下之功④。此乃五臟之義，而必準之於氣者，以其各有所配合焉⑤。此所以論武事者，要不能離乎斯也⑥。

胸膈為肺經之位，而為諸臟之華蓋。故肺經動，而諸臟不能靜⑦。兩乳之中為心，而肺包護之。肺之下，胃之上，心經之位也。心為君火，動而相火無不奉合也⑧。而兩肋之間，左為肝，右為脾⑨。背脊十四骨節皆為腎。此固五臟之位，然五臟之系，皆繫於背脊，通於腎髓，故為腎⑩。至於腰，則兩腎之

本位，而為先天之第一，尤為諸臟之根源⑪。故腎水足，而金木水火土咸有生機⑫。此乃五臟之位也⑬。

【注釋】

①五要論：本章講「五臟」及相應的經脈。

②今夫捶以言勢，勢以言氣：現在由拳來談架勢，由架勢來談氣。

③人得五臟……腎是也：人有了五臟而成為人形，就（再）由五臟而產生氣，五臟實在是維持生命和產生中氣的本源，五臟分別叫作心、肝、脾、肺、腎。

④心為火……有潤下之功：心是火性，而有向上加熱的形象；肝是木性，而有可以彎曲、可以伸直的形象；脾是土性，而有敦實厚重的形勢；肺是金性，而有順從人意，改變形狀的功能；腎是水性，而有向下潤濕的功能。

縱革，應為「從革」。《尚書・周書・洪範第六》：「水曰潤下，火曰炎上，木曰曲直，金曰從革，土爰稼穡。」

⑤此乃五臟之義……其各有所配合焉：（以上）這些是五臟的本來性質，而之所以一定要按照氣的標準來研究它們，是因為它們各有自己所配合的其他器官。

⑥此所以論武事者，要不能離乎斯也：因此，談論武事的人，總不能離開這些。武事，與軍隊或戰爭有關的事情，這裡指武術。要，總要。

⑦胸膈為肺經之位……諸臟不能靜：胸膈是肺經的位置，而肺是其餘各臟的華蓋。因此肺經一動，而其餘各臟便都不能靜。胸膈，這裡當指胸腔。肺經，當指肺。華蓋，華麗的傘蓋。

⑧兩乳之中為心……動而相火無不奉合也：兩乳的正中間為心臟的位置，而肺在上面包護著它。肺以下，胃以上，是心經的位置。心火是君火，心火一動而相火沒有不奉承配合的（按：即相火跟著動）。相火，肝、膽、腎、三焦之火為相火。相，輔助。火，指生命活動的動力。心經，當指「心」。

⑨而兩肋……右為脾：而在兩肋之間，右邊為肝經的位置，左邊為脾經的位置。

按：「左為肝，右為脾」當為「右為肝，左為脾」。

⑩背脊十四骨節……故為腎：背脊的十四根骨節都是腎經的位置。這裡本來是五臟的位置，但是因為五臟的固定，都拴繫在背脊上，與腎髓相通，所以是腎經的位置。固，本來。

⑪至於腰……尤為諸臟之根源：至於腰，則是兩腎本來的位置，而腎是先天第一臟，更是其餘各臟的根源。

⑫故腎水足，而金木水火土咸有生機：因此，只要腎水充足了，金木水火土各臟就都有了生機。咸，全，都。

⑬此乃五臟之位也：以上是講五臟的位置。

且五臟之存於內者，各有其定位；而具於身者，亦自有所專屬①。領頂腦骨背，腎是也。兩耳亦為腎女②。兩唇、兩腮，皆脾也③。兩髮則為肺④。

天庭為六陽之首，而萃五臟之精華，實為頭面之主腦，不啻一身之座督矣⑤。印堂者，陽明胃氣之衝。天庭性起，機由此達。生發之氣，由腎而達於六陽，實為天庭之樞機也⑥。

兩目皆為肝，而究之上包為脾，下包為胃，大角為心經，小角為小腸，白則為肺，黑則為肝，瞳則為腎，實為五臟之精華所聚，而不得專謂之肝也⑦。

鼻孔為肺，兩頤為腎，耳門之前為膽經，耳後之高骨，亦腎也⑧。鼻為中央之土，萬物資生之源，實中氣之主也⑨。

人中為血氣之會，上衝印堂，達於天庭，亦為至要之所⑩。兩唇之下為承漿，承漿之下為地閣，上與天庭相應，亦腎經位也⑪。領頂頸項者，五臟之道途，氣血之總會。前為食氣出入之道，後為腎氣升降之途。肝氣由之而左旋，脾氣由之而右旋。其系更重，而為周身之要領⑫。

兩乳為肝，兩肩為肺，兩肘為腎，四肢為脾，兩肩背膊皆為脾，而十指則

為心、肝、脾、肺、腎是也⑬。膝與脛皆腎也，兩腳跟為腎之要，湧泉為腎穴⑭。大約身之所繫，凸者為心，窩者為肺，骨之露處皆為腎，筋之聯處皆為肝，肉之厚處皆為脾⑮。

象其意，心如猛虎，肝如箭，脾氣力大甚無窮，肝經之位最靈變，腎氣之動快如風⑯。其為用也，用其經⑰。舉凡身之所屬於某經者，終不能無意焉。是在當局者自為體認，而非筆墨所能為者也⑱。至於生克制化，雖別有論，而究其要領，自有統會⑲。五行百體，總為一元。四體三心，合為一氣，奚必昭昭於某一經絡，節節而為之哉⑳？

【注釋】

①且五臟……自有所專屬：而且存在於胸腹腔內的五臟，各自有其固定的位置；而長在身體外表的各種器官，也各自有其所專屬的臟經。

②領頂腦骨背……兩耳亦為腎：脖頸、頭頂、腦骨、脊背都屬於腎經。兩

耳也屬於腎經。領，頸。

③兩唇、兩腮，皆脾也：上下兩唇、左右兩腮，都屬於脾經。

④兩髮則為肺：頭髮與渾身的毛孔則屬於肺經。

⑤天庭為六陽之首……一身之座督矣：天庭是六陽脈開頭，集中了五臟的精華，實在還是頭面的主腦，而不僅僅是一身的督帥。天庭，兩眉之間，前額的中央。六陽，六陽經，手三陽經與足三陽經。萃，草叢生貌，引申為聚集。主腦，主要部分。不啻，不僅僅。座督，執監督權的官。

⑥印堂者……天庭之樞機也：印堂，是陽明胃氣上升的要衝。天庭要發作，其氣機便是由這裡上達（天庭）。內部生發的氣，要由腎而達於六陽之首，（印堂）確實是氣達天庭的關鍵之處。印堂，即印堂穴，位於額區兩眉頭之間。陽明，陽明脈，《黃帝內經·素問·陽明脈解》：「陽明者，胃脈也。」胃氣，胃中水穀之氣。

⑦兩目皆為肝……專謂之肝也：兩眼都屬於肝經，而細究起來，上眼皮屬

於脾經，下眼皮屬於胃經，眼大角屬於心經，眼小角屬於小腸經，眼白屬於肺經，眼珠屬於肝經，瞳孔則屬於腎經，實際上是五臟精華所聚之處，而不能只認為屬於肝經。

⑧鼻孔為肺……亦腎也：鼻孔屬於肺經，兩頤屬於腎經，耳門之前屬於膽經，耳後高骨也屬於腎經。頤，下巴兩側。

⑨鼻為中央之土……中氣之主也：鼻是中央土位，土是萬物資生之源，（所以鼻）實在是中氣產生的主導者。

⑩人中為血氣之會……為至要之所：人中是血與氣交匯的地方，氣血從這裡上衝印堂，達於天庭，所以人中也是極為重要的地方。人中，即人中穴，位於鼻下，上唇正中的縱形凹溝正中近上方處。

⑪兩唇之下……亦腎經位也：兩唇的下面為承漿穴，承漿穴的下面為地閣，地閣與天庭上下對應，也是腎經經過的地方。地閣，下頜。

⑫領頂頸項者……為周身之要領：從後領經脖頸到頭頂這一塊，是五臟經脈

經過的通道，是氣血總匯之處。前面的氣管、食管、頸動脈等，是食氣出入的通道，後面的頸椎管是腎氣升降的通道。肝氣經過時左旋而上，脾氣經過時右旋而上。其關係更加重要，是全身的要領所在。食氣，當指呼吸及水穀之氣。腎氣，由腎精化生之氣。由之，經過它。

⑬兩乳為肝……腎是也：兩乳屬於肝經，兩肩屬於肺經，兩肘屬於腎經，四肢屬於脾經，兩背及兩條胳膊都屬於脾經，而十指則分別屬於心、肝、脾、肺、腎各經。

⑭膝與脛……為腎穴：膝與小腿脛骨都屬於腎經，兩腳跟是腎經的重要部位，湧泉穴是腎穴。湧泉，即湧泉穴，位於足底中部。

⑮大約身之所繫……厚處皆為脾：大體上身體各部所從屬的經脈，凸起的地方屬於心經，凹陷的地方屬於肺經，有骨突出的地方都屬於腎經，筋聯結的地方都屬於肝經，肉厚的地方都屬於脾經。

⑯象其意……快如風：揣摩其意，則心氣一動，出勢像虎一樣猛；肝氣一

動，出手像箭一樣快；脾氣一動，力大無窮；肺氣一動，變化最靈；腎氣一動，進退像風一樣疾。

按：「肝經之位最靈變」，疑當為「肺經之位最靈變」。

⑰其為用也，用其經：五臟之氣在武術上的運用，主要是運用相應的經脈。

⑱舉凡身之所……所能為者也：凡是身上屬於某經的部分，終究不能不著意。這在於練習者自行體認，而不是筆墨所能完全描寫清楚的。舉凡，凡是，大凡。當局者，下棋的人，這裡指練習者自身。

⑲至於生克制化……自有統會：至於拳術上的相生、相剋、相互制約和轉化，雖然另有專論，但窮究其要領，自有其貫通和集中起來的大綱。

⑳五行百體……而為之哉：全身上、下、左、右、前、後、內、外，總合起來是一個整體，何必過於明確何處屬於何經，（然後）一節一節地去講求呢？五行百體，指整個身體。四體，四肢。三心，當指手心、腳心、本心。奚必，何必。

第六章　六要論①

心與意合，意與氣合，氣與力合，內三合也②。手與足合，肘與膝合，肩與胯合，外三合也③。此為六合。左手與右足相合，左肘與右膝相合，左肩與右胯相合，右之與左亦然④。以及頭與手合，手與身合，身與步合，孰非外合⑤？心與眼合，肝與筋合，脾與肉合，肺與身合，腎與骨合，孰非內合？豈但六合而已哉⑥？然此特分而言之也⑦，總之⑧一運而無不動⑨，一合而無不合⑩，五形百骸⑩，悉⑪用⑫其中矣。

【注釋】

①六要論：本章講「六合」。

②心與意合……內三合也：以心生意，以意使氣，以氣催力，使心、意、氣、力合成一個整體，這叫作「內三合」。

③手與足合……外三合也：前手與前足上下對齊，前手與後足前後貫通，肘與膝、肩與胯也是如此，則手與足、肘與膝、肩與胯合成一個整體，這叫作「外三合」。

④右之與左亦然：右手與左足、右肘與左膝、右肩與左胯也要相合。

⑤孰非外合：哪一種不是外合？孰，誰，什麼。合，貫通，整合。

⑥豈但六合而已哉：難道只是六合而已嗎？豈，難道。但，只。

⑦然此特分而言之也：然而這不過是分開來講。特，只，僅。

⑧總之：總而言之，總起來講。

⑨「一運而無不動」是說「貫通」。「運」，應為「動」。

⑩「一合而無不合」是說「整合」。

⑪五形百骸：五臟和所有骨節，這裡指全身上下內外。百骸，百骨節。

骸，骨。「五形」，應為「五行」，借指五臟。

⑫悉：盡。

⑬用：當為「在」。

第七章　七要論①

頭為六陽之首，而為周身之主，五官百骸，莫不惟此是賴，故頭不可不進也②。手為先行，根基在膊。膊不進，而手則卻而不前矣，此所以膊貴於進也③。氣聚中脘，機關在腰。腰不進，而氣則餒而不實矣，此所以腰貴於進也④。意貫周身，運動在步。步不進，而意則堂然無能為矣，此所以步必取其進也⑤。

以及上左必須進右，上右必須進左，其為七進，孰非所以著力之地歟⑥？而要之，未及其進，合周身而毫無關動之意；一言其進，統全體而俱無抽扯游移之形⑦。

【注釋】

①七要論：本章講「七進」。即頭、左肩、右肩、左腰、右腰、左步、右步，共七進。

②頭為六陽之首……不可不進也：頭是六陽脈彙聚的最高處，又是一身的主宰，全身五官百骸的活動無不依賴於頭，因此（在進攻時）頭不可以不向前進。

③手為先行……膊貴於進也：手是人身的先行官，它的根基在肩。肩不前進，手就會退避而不前進，這就是（在進攻時）肩貴在前進的緣故。膊，膀子。卻，退避，退卻。貴於進，貴在前進。

④氣聚中脘……腰貴於進也：氣聚集在中脘部位，（以氣催力的）機關在腰。腰不前進，氣就會餒弱而不充足，這就是腰貴在前進的緣故。中脘，穴位名，在臍上。餒，饑餓，引申為喪氣，萎靡不振。《孟子・公孫丑上》：「其為氣也，配義與道，無是，餒矣。」

⑤意貫周身……步必取其進也：意要貫注全身，但是人體的移動依靠步。步

不前進，意就會乾著急而不起作用，這就是步必須用它的前進功能的緣故。堂然，當為「瞠然」，驚視貌。

⑥以及上左……著力之地歟：還有要上左步，必須先進右步作為鋪墊；要上右步，必須先進左步作為鋪墊。共為七進，哪一「進」不是應該著力的地方呢？

⑦而要之……俱無抽扯游移之形：而總的來說，在還沒有要進的時候，全身一點都沒有亂動的意圖；一說要進，則全身完全沒有抽扯不動和游移不定的表現。鬮動，發動。抽扯，向後退縮。游移，左右妄動。

第八章　八要論①

身法維何？縱、橫、高、低、進、退、反、側而已②。縱則放其勢，一往而不返③；橫則裹其力，開拓而莫阻④；高則揚其身，而身若有增長之勢⑤；低則抑其身，而身若有攢捉之形⑥；當進則進，殫其身而勇往直衝；當退則退，領其氣而回轉伏勢⑦；至於反身顧後，後即前也；側顧左右，使左右無敢當我⑧。

而要非拘拘焉為之也⑨。必先察人之強弱，運吾之機關⑩。有忽縱而忽橫，縱橫因勢而變遷，不可一概而推⑪；有忽高而忽低，高低隨時以轉移，不可執格而論⑫。時而宜進，故不可退而餒其氣；時而宜退，即當以退而鼓其進。是進固進也，即退而亦實以賴其進⑬。若返身顧後，顧其後而以不覺其為後；側顧左右，而左右亦以不覺其為左右矣⑭。

總之，機關在眼，變通在心，而握其要者，則本諸身⑮。身而前，則四體不令而行矣；身而卻，則百骸莫不冥然而處矣。身法顧可置而不論乎⑯？

【注釋】

①八要論：本章講八種身法。

②身法維何……側而已：身法有哪些？縱放、橫裹、高揚（按：即「起」）、低抑（按：即「落」）、前進、後退、返身、側身而已。維何，是什麼。

③縱則放其勢，一往而不返：縱擊時，要將蓄好的勢能（按：即彈性勢能加重力勢能）全部釋放出來，一點也不要保留。

④橫則裹其力，開拓而莫阻：橫擊時，先要將力裹住，再拓展開擊敵，使敵不能阻擋。

⑤高則揚其身，而身若有增長之勢：起高時，要將身揚起來，使自身好像有加長的趨勢。

⑥低則抑其身，而身若有攢捉之形：落低時，要壓住身體，使全身湊聚，好像有捕捉獵物的樣子。抑，壓制。攢，音ㄘㄨㄢˊ，聚集，集中。捉，捕捉。

⑦當進則進……而回轉伏勢：應當前進時就果斷前進，調動全身勇敢地往前直衝；應當後退時，就及時後退，將全部的氣勢乾淨俐索地收回，迅速處於蓄勢狀態。殫，竭盡。領，率領。伏勢，猶「蓄勢」。

⑧至於反身顧後……無敢當我：至於反轉身對付後面的敵人時，「後面」就變成了「前面」；側轉身對付左右兩側的敵人時，（左面或右面就變成了前面）要使左右兩側無人敢於抵敵我。

⑨而要非拘拘焉為之也：而總之不是要拘泥於某一種身法去做。（而是要靈活機動地運用各種身法。）

⑩必先察人之強弱，運吾之機關：必須先看清對方的強弱，再運使我方的

計謀。機關，心機，計謀。

⑪有忽縱而忽橫……不可一概而推：有時忽而縱擊、忽而橫擊，縱擊、橫擊要根據對方（或雙方）的形勢而變化轉移，不能拿一個固定的標準去推定。一概，一個標準。

⑫有忽高而忽低……不可執格而論：有時忽而起高、忽而落低，高低要隨著時機來轉變，不能用一種不變的規格來判斷。

⑬時而宜進……亦實以賴其進：當時機適宜前進的時候，固然不能後退從而自餒其氣；當時機適宜後退的時候，就應當以暫時的後退來促成下一步的前進。這樣說來，前進固然是前進，而即便是後退，也實際上是要靠它促成下一步的前進。故，通「固」，本來。

⑭若返身顧後……不覺其為左右矣：（至於）像反轉身對付後面的敵人，而那個「後」也不覺得它是後了；側轉身對付左右的敵人，而那個「左右」也不覺得它是左右了。本句中兩個「以」字，均當為「亦」。

⑮總之……則本諸身：總而言之，觸發的機關在於眼的觀察，隨機應變的應對在於心的謀慮，而掌握勝敗關鍵的則在於以身法為根本。要，要領，關鍵。

⑯身而前……置而不論乎：身一前進，則四體百骸不用命令就跟著前進了；身一後退，則四體百骸沒有一處不悄悄地跟著後退。（如此說來）身法反而可以放到一邊不加以討論嗎？顧，反而，卻。

第九章　九要論①

今夫五官百骸主於動，而實運以步。步乃一身之根基，運動之樞紐也②。以故應戰對敵，皆本諸身；而實所以為身之砥柱者，莫非步③。隨機應變在於手，而所以為手之轉移者，以在步④。進退反側，非步何以作鼓蕩之機？抑揚伸縮，非步何以示變化之妙⑤？所謂「機關者在眼，變化者在心」。而所以轉彎抹角，千變萬化，而不至於窘迫者，何莫非步為之司令歟⑥？

而要非勉強以致之也⑦。動作出於無心，鼓舞出於不覺。身欲動，而步以為之周旋；手將動，而步亦早為之催逼⑧。不期然而然，莫之軀而軀⑨。所謂「上欲動而下自隨之」者，其斯之謂歟⑩？且步分前後，有定位者步也；然而無定位者，以為步⑪。如前步進焉，後步隨焉，前後自有定位。若以前步作

後，後步作前；更以前步作後之前步，後步作前之後步，則前後亦自然無定位矣⑫。

總之，拳以論勢，而握要者為步。活與不活，以在於步；靈與不靈，以在於步。步之為用大矣哉⑬！

【注釋】

①九要論：本章主要講「步法的重要性」。

②今夫五官百骸……運動之樞紐也：（在交手實戰中）全身各部分都要以動為主，但它們實際上都是由步運載的。步乃是一身的根基，運動的樞紐。

③以故應戰對敵……莫非步：因此在應戰對敵時，千變萬化的技擊動作都是從身上發出的，而在實際上作為身體的砥柱的，沒有一次不是步。砥柱，即砥柱山，在河南三門峽市北黃河中。這裡是說，步是身的支撐和運載工具。

④隨機應變……以在步：隨機應變在於手法，而帶著手移動的，也在於

步。「以」，應為「亦」。

⑤進退反側……示變化之妙：（在前面講到的八種身法中）前進、後退、反轉身、側轉身，要不是步，拿什麼作為鼓動激蕩的機關？低抑、高揚、縱伸、橫裹，要不是步，拿什麼顯示變化的巧妙？

⑥所謂……步為之司令歟：（前面）說到「觸發的機關在於眼的觀察，隨機應變的應對在於心的謀慮」。但是之所以能夠轉彎抹角，千變萬化，使自身的處境不至於窘迫（而能夠正常地發揮眼和心的作用）的，哪一次不是步為它掌管發令？

⑦而要非勉強以致之也：而總的來說，步法不是勉強得到的。

⑧動作出於無心……亦早為之催逼：手的動作在無心無意中做出來，身的鼓舞在不知不覺中進行。身將要動，而步已經在為它周旋準備；手將要動，而步也早已在為它催逼。

⑨不期然而然，莫之軀而軀：（步法對身法、手法的配合與支持）不想得

那樣完美卻那樣完美，沒有刻意用步法去驅動卻自己去驅動了。「軀」，應為「驅」。

⑩所謂「上欲動而下自隨之」者，其斯之謂歟：（第一章一要論）所說的「上節要動而下節自然跟隨」，就是講的這個意思吧。

⑪且步分前後……以為步：且步分前腳、後腳，兩腳有定位的是步；然而兩腳沒有固定位置的，也是步。「以」，應為「亦」。

⑫如前步進焉……自然無定位矣：比如前腳前進，後腳跟隨前進（仍在後），則前腳、後腳自有定位。如果前腳退到後腳之後變作後腳，或後腳進到前腳之前變作前腳；甚至連進兩步或連退兩步，則前腳又位於後腳的前面，後腳又位於前腳的後面，如此則腳的前後也就自然沒有定位了。

⑬總之……步之為用大矣哉：總而言之，出拳要講究身法架勢，而掌握技擊關鍵的是步。手法的活與不活，在於步法的活與不活；身法的靈與不靈，也在於步法的靈與不靈；步法的作用很大啊！

心意要訣①

捶名心意，心意者，意自心生，拳隨意發②。總要知己知人，隨機應變；心氣一發，四肢皆動③。足起有地，膝起有數，動轉有位；合膊望胯，三節對照④。心、意、氣，內三相合；拳與足合，肘與膝合，肩與胯合，外三相合。⑤手心、足心、本心，三心一氣相合⑥。

遠不發手，捶打五尺以內、三尺以外⑦。不論前、後、左、右，一步一捶⑧。發手以得人為準，以不見形為妙⑨；發手快似風箭，響如雷崩⑩。出沒遇象園，如生鳥入群籠之狀；單敵，似巨炮推薄壁之勢⑪。骨節帶勢，踴躍直吞⑫。

未曾交手，一氣當先；既入其手，靈動為妙⑬。見孔不打，見橫打；見孔不立，見橫立⑭。上中下總氣把定，身足手規矩繩束⑮。既不望空起，亦不望空落⑯。

精明靈巧，全在於活⑰。能去能就，能柔能剛，能進能退。不動如山岳，難知如陰陽；無窮如天地，充實如太倉；浩渺如四海，炫曜如三光⑱。察來勢之機會，揣敵人之短長⑲。靜以待動有法，動以處靜。借法容易上法難，還是上法最為先⑳。交勇者不可思誤，思誤者寸步難行㉑。起如箭攢落如風㉒，隈催烹絕手摟手㉓。皆合暗迷中，由路如閃電㉔。

【注釋】

①標題為校注者所加，以下一段文字一般稱為「心意要訣」。

②捶名心意……拳隨意發：（這種）拳術叫作「心意拳」，「心意」就是意由心產生，拳隨意的指揮發出。

③總要知己知人……四肢皆動：總的來說，要既瞭解自己，又瞭解對方，

在實戰中隨機應變，心、意、氣一發動，全體一起動作。

④足起有地……三節對照：足、膝的起落及身的動轉都有方位和尺度，兩肩扣合併向兩胯鬆沉，上中下三節要相互對準、相互照應。

⑤心、意、氣……外三相合：要同時做到內三合與外三合。

⑥手心……一氣相合：即手心回縮、足心懸空、本心虛靈，三心一氣貫通。

⑦遠不發手……三尺以外：與對方相距過遠時不要發手打擊對手，拳打五尺以內、三尺以外這個範圍。

⑧不論前、後、左、右，一步一捶：不論正面向前，還是轉身向後、側身向左右，發拳時要一步一拳。

⑨發手以得人為準，以不見形為妙：發手以將人擊中、擊垮為準，以不見形跡為妙。

⑩發手快似風箭，響如雷崩：發手要快得像風吹箭飛，同時吐氣發聲，響

如雷炸。

按：古人習慣以如風、如箭形容快，如《孫子兵法・軍爭第七》：「故其疾如風，其徐如林，侵略如火。」又如《呂氏春秋・貴卒（ㄘㄨˋ）》：「力貴突，智貴卒。得之同則速為上，勝之同則遲為下。所為貴驥者，為其一日千里也。所為貴鏃矢者，為其應聲而至。」

又按：「響如雷崩」即「雷聲」。

⑪出沒遇象園……似巨炮推薄壁之勢：「象園」兩字與「衆圍」的字形接近，疑為「衆圍」之誤。凌善清《形意五行拳圖說》（以下簡稱「凌本」）所附《岳武穆形意拳要論》為「出沒如兔，亦如生鳥之投林。應敵似巨炮推薄壁之勢。」《太極拳・用武要言》為「出遇衆圍，如生龍活虎之狀；逢擊單敵，似巨炮直轟之勢。」幾相結合，這兩句似當為「出遇衆圍，若生鳥入群籠之狀；逢擊單敵，似巨炮推薄壁之勢。」

意思是說，「出外遭遇衆敵包圍時，要像生鳥剛放入群籠，左衝右突，以突圍為第一要事；若是遭遇單個敵手，則要以我的整勁優勢迅速擊垮對方，就像用巨炮轟擊薄薄的牆壁一樣。」

生鳥，當指剛捕捉到還沒有馴服伏籠的鳥，這是相對於「熟鳥」而言。群籠，當即「群鳥籠」，能同時關多隻鳥的籠子。

⑫骨節帶勢，踴躍直呑：交手時，骨節帶著整體的衝勢，踴躍向前，直呑對手。

⑬未曾交手……靈動為妙：還沒交手，就先在氣勢上領先；一經交手，則要靈活變化，追蹤敵人的弱點，一氣打垮。

⑭見孔不打……見橫立：看見空檔不打，看見橫面打；不要對著空檔立勢，要對著橫面立勢。

⑮上中下總氣把定，身足手規矩繩束：上、中、下三節要根據一氣貫穿的要求把持住，身、手、足各部要按照六合的規矩約束好。

⑯既不望空起，亦不望空落：身手足既不要向著空處起，也不要向著空處

落。

⑰精明靈巧，全在於活：心意的精明，手法的靈巧，全在於身法、步法的靈活。

⑱能去能就……炫曜如三光：既能迅速地脫離對方，又能敏捷地接近對方；既能用柔勁順遂化解對方的打擊，又能發出剛勁打擊對方；既能適時進攻，又能及時退卻。堅守時像山岳一樣不可撼動，自己的意圖像天氣的陰晴變化一樣使對方難於測知。其打法像天地萬物那樣變化無窮，其內勁就像國家的糧庫裡儲藏的糧食那樣充足。其氣勢像四海廣闊無邊，其光彩像日月星一樣炫目。去，離開。就，接近。柔，柔軟。剛，堅硬。太倉，古代設在京城中的大穀倉。浩渺，廣闊無邊貌。炫曜，光彩奪目。

⑲察來勢之機會，揣敵人之短長：謹察對方來勢的機會，默揣對方實力的長處和短處。

⑳靜以待動有法……還是上法最為先：這兩句將「有法」兩字去掉後，為

「靜以待動，動以處靜。借法容易上法難，還是上法最為先」。這時邏輯更加貫通，意思是：在交手時要以靜待動，敵不動，我不動；敵微動，我先動。但在動起來後，仍要處之以靜（即身動而心靜）。借法容易學會，上法難於做到，所以還是要把上法擺在最優先的位置。

按：借法只是上法的條件，上法才是決勝的關鍵，而上法需要六合整勁，整勁的上身是很難的。

㉑交勇者不可思誤，思誤者寸步難行：在與敵交手較勇時，要一心赴敵，不可有各種顧慮雜念；一有雜念，寸步難行。

㉒起如箭攢落如風：起要快如箭攢，落要快如風吹。起，發動。落，打出。

㉓隈催烹絕手摟手：此句不可解。凌本此句為「手摟手兮向前攻」。

㉔皆合暗迷中，由路如閃電：不可解。凌本為「舉動暗中自合，疾如閃電在天」。

兩邊撾防，左右反背，如虎搜山①。斬捶勇猛不可擋，斬梢迎面取中堂；搶上搶下勢如虎，好似鷹鷂下雞場②。翻江倒海不須忙，丹鳳朝陽才為強③；雲背日月天地變，武藝相爭見短長④。步路寸，開把尺，劈面就去；上右腿，進左步，此法前行⑤。

進人要進身，身手齊至是為真⑥；發中有絕何從用？解明其意妙如神⑦！鷂子鑽林麻著翅，鷹捉四平足存身⑧；取勝四梢要聚齊，不勝必因合射心⑨。計謀施運化，霹靂走精神；心毒稱上策，手眼方勝人⑩。

何謂閃，何謂進？進即閃，閃即進，不必遠求；何謂打？何謂顧？顧即打，打即顧，發手便是⑪。心如火藥拳如子，靈機一動鳥難飛；身似弓弦手似箭，弦向鳥落見神奇⑫。起手如閃電，閃電不及合眸；打人如迅雷，迅雷不及掩耳⑬。

五道本是五道關，無人把守自遮欄⑭。左腮手過，右腮手去；右腮手過去，左腮手來。兩手束拳迎面出，五關之門關得嚴⑮。拳從心內發，向鼻尖

落；從足下起，足起快向心火作⑯。五行金木水火土，火炎上而水就下；我有心肝脾肺腎，五行相推無錯誤⑰。

【注釋】

①兩邊搗防……如虎搜山：當指對付左右或後面之敵的方法和招式。搗，音ㄓㄨㄚ，同「抓」。

此句另一版本為「兩邊提防，左右反背，如虎搜山。」又，《形意拳譜・六合拳論》：「望眉斬夾反見背，如虎搜山截手炮。」又，下文「交手法」：「剪子股，望眉斬，加上反背，如虎搜山。」

②斬捶勇猛不可擋……好似鷹鷂下雞場：斬捶氣勢勇猛，不可阻擋，使用時先後斬擊對方的梢節、迎擊對方的面部、劈擊對方的胸部，衝上斬下，其勢如虎，又像鷹鷂衝下雞群。斬捶，招式名，當為先向前上衝擊，再向前下斬擊。中堂，本指廳堂的正中，這裡當指身前的正中部位。

③翻江倒海不須忙，丹鳳朝陽才為強：對方氣勢洶洶，翻江倒海而來，我方不必慌忙，只需迎上去使用「丹鳳朝陽」的招式，即可擊破對方。

④雲背日月天地變，武藝相爭見短長：二人相鬥一見輸贏，應當首先以手撲擊遮蔽對方雙眼，使對方感到天昏地暗。雲，當指手掌。背，當即「蔽」。日月，當指雙眼。天地變，據一九二二年版，為「天地交」，指二人交手。

按：這是講以「丹鳳朝陽」破「排山倒海」的原理。

⑤步路寸……此法前行：步要寸進（進寸），把要尺開（開尺），照臉就打去。無論上右腿，還是進左步，都按此法往前進擊。劈面，正對著臉。

⑥進人要進身，身手齊至是為眞：在進攻對方時，要進身為先，能夠身手足齊到才是心意拳的眞傳。

⑦發中有絕何從用？解明其意妙如神：催發之中加上抖絕勁的方法如何使用？弄明白其中的道理會產生神奇的效果。

⑧鷂子鑽林麻著翅，鷹捉四平足存身：起時要乾淨俐落就像鷂子束翅鑽

林，不被樹枝樹葉掛著翅膀；落時手足朝四面均平展開，沉身抓採，就像老鷹捉物，足下存身。

按：凌本此句為「鸇子鑽林莫著翅，鷹捉小鳥勢四平」。

⑨取勝四梢要聚齊，不勝必因合射心：進攻要取勝，必須四梢聚齊；若進步不勝，一定是因為我方有懼敵之心。四梢聚齊，即髮欲衝冠、舌欲摧齒、齒欲斷筋、甲欲透骨一齊做到。合射心，當為「寒勢心」，即「寒心」，戰慄、恐懼之意。《形意拳譜・六合拳論》：「進步不勝，必有寒勢（敵）之心。」

⑩計謀施運化……手眼方勝人：運用計謀，施展變化，提起精神，像霹靂一樣打擊對手。心狠才稱得上是上策，手疾眼快才能勝人。

⑪何謂閃……發手便是：什麼叫閃？什麼叫進？進就是閃，閃就是進，不需要捨近求遠；什麼叫打？什麼叫顧？顧就是打，打就是顧，一發手二者兼有。

⑫心如火藥……鳥落見神奇：心如火藥拳如子彈，槍機一動鳥難飛走，心意一動敵難逃；身似弓弦拉滿，手似箭搭弦上，弓弦一振鳥射落，我身一抖敵打

翻。弦向，當為「弦響」。

⑬起手如閃電……迅雷不及掩耳：起手接敵快如閃電，閃電之快，「唰」

的一下，使人來不及閉上眼睛；落手打人疾如迅雷，迅雷之疾，「嘎」的一聲，使人來不及捂住耳朵。

⑭五道本是五道關，無人把守自遮欄：內外五行本來就是五個要塞，它們本身不能自己把守，需要手腳來遮攔。五道，當為「五行」，指內五臟和外五官。遮欄，遮蔽，阻攔。欄，應為「攔」。

⑮左腮手過……五關之門關得嚴：對方打我面部時，如果從左腮讓過對方的手，則我的手同時從右腮處打過去，還擊對方面部或胸部；如果從右腮處讓過對方的手，則我的手從左腮處打出。總之，要沉肩、垂肘、收頦，兩手迎面出入，這樣，在打擊對手的同時，將自己的內外五行這五道關的關門關得嚴嚴實實，即將自己的頭面、咽喉、胸腹肋等要害之處置於手臂的嚴密保護之下。

⑯拳從心內發……向心火作：拳從心口部位發出，打向鼻尖正前；勁從足

下湧起，足催身進快如風。以上都來源於心火的發作，即心意的一動。

按：凌本這幾句為「拳從心內發，向鼻尖落；足從地下起，足起快時心火作」。

⑰五行金木水火土……五行相推無錯誤：五行包含金、木、水、火、土，火炎上、水就下等，五行各有其性；我身也有心、肝、脾、肺、腎，心為火性，肝為木性，脾為土性，肺為金性，腎為水性；在心意拳中，用五行相生相剋的理論進行研究和演習、使用是沒有錯誤的。

按：這四句是總結「心意要訣」全文。

第十章　交手法

占右進左，占左進右；發步時足根先著地，腳以十趾抓地①。步要穩當，身要莊重，捶沉實而有骨力。去是撒手，著人成拳②。用拳要卷緊，用把把有氣③。上下氣要均停，出入以心為主宰，眼手足隨之去④。不貪、不歉，不即、不離；肘落肘窩，手落手窩⑤。右足當先，膊尖向前，此是換步⑥。拳從心發，以身力催手⑦。手以心把，心以手把；進人進步，一步一捶⑧。

一支動，百支俱隨，發中有絕⑨。一握渾身皆握，一伸渾身皆伸；伸要伸得進，握要握得根。如卷炮，卷得緊，崩得有力⑩。不拘提打、按打、烘打、旋打、斬打、沖打、鑠打、肘打、膊打、胯打、掌打、頭打、進步打、退步打、順步打、橫步打以及前、後、左、右、上、下百般打法，皆要一氣相隨⑪。

出手先占正門，此之謂巧⑫。骨節要對，不對則無力⑬。手把要靈，不靈則生變⑭。發手要快，不快則遲誤⑮。舉手要活，不活則不快⑯。打手要跟，不跟則不濟⑰。存心要毒，不毒則不準⑱。腳手要活，不活則擔險⑲。存心要精，不精則受愚⑳。發作要鷹捉勇猛，外皮膽大；機要熟運，還勿畏懼遲疑㉑。心小膽大，面善心惡。靜似書生，動如雷發㉒。

【注釋】

①占右進左……以十趾抓地：這是講交手的開始。根據雙方佔據的位置，從我方的站位直接向對方的中心（重心）發動短平快的進攻，進行奪位，而不必再繞彎、周旋，刻意調整站位、尋隙而進。進步時，前腳腳跟先著地，緊接著全腳著地並十趾抓地。

②步要穩當……著人成拳：步要穩進，身要中正莊嚴，拳要沉著實在且要有骨的剛性。手在打去時自然張開，著人時攥成拳（按：這樣節能高效，力量集

中）。撤手，當為「撤手」。

③用拳要卷緊，用把把有氣：用拳時，拳要在著人一瞬間捲緊；用把時，每一把要貫足氣力。把，形（心）意拳把用手掌打、劈、抓、採稱為用「把」，如拳譜說「把把不離鷹抓」。

④上下氣要均停……眼手足隨之去：身的上部、下部及氣的呼吸要平均妥帖，手的出入要以心意為主宰，眼、手、足按著心意的支配發揮作用。

⑤不貪、不歉……手落手窩：出勢用力不貪多、不欠缺，我與對方不粘著、不脫離；肘落在肘窩，手落在手窩，（肩落在肩窩）。

按：即手腕、肘、肩關節既不過分牽扯，也不過分擠壓，又不過分斜錯，始終保持在舒適、適中、靈活裕如的狀態。

⑥右足當先……此是換步：此句當有缺文，義不明。

⑦拳從心發，以身力催手：拳從心口處發出，以身力催動手的進擊。

按：以身力催手，即腰催肩，肩催肘，肘催手。

⑧手以心把……一步一捶：手的攻防用心意來把持，心意的指令用手的觸覺來校正。（按：「手以心把，心以手把」當指「心手相應」。）進攻對方必須進步，進一步，打一拳。（按：此即以步催身，以身催拳。）

⑨一支動……發中有絕：打人的一節一領動，則全身各節都跟著動，催發勁之中加上抖絕勁。

⑩一握渾身皆握……崩得有力：一收攏全身都一起收攏，一伸展全身都一起伸展；伸要儘量伸開，收要儘量收緊。就像捲炮仗，捲得緊，則點炮時崩得有力。

按：伸要伸得進，當為「伸要伸得盡」。

⑪不拘提打……皆要一氣相隨：不論提打、按打等各種打法，都要做到：打人的一節一領動，全身各節一起跟隨。不拘，不論。膞打，肩打。

⑫出手先占正門，此之謂巧：出手先佔據對方的正門位置，這叫作巧。

⑬骨節要對，不對則無力：前後骨節要對準，不對準則沒有支撐力。

⑭手把要靈，不靈則生變：與對方接手，手把要觸覺靈敏，不靈敏則不能應付對方的變手。

⑮發手要快，不快則遲誤：一旦得機得勢，發手一定要快，不快則由於遲慢而貽誤戰機。

⑯舉手要活，不活則不快：起手要活，不活則變化不快。

⑰打手要跟，不跟則不濟：打擊對手時，身步要緊跟打擊手，身步不緊跟則不濟事（按即打上也無效）。

⑱存心要毒，不毒則不準：存心要狠，不狠則打不準。

⑲腳手要活，不活則擔險：腳手要隨時保持靈活，不靈活則有被擊中的風險。

⑳存心要精，不精則受愚：存心要精明，不精明就會被他人的假像所欺騙。

㉑發作要鷹捉勇猛……還勿畏懼遲疑：發拳作勢要潑辣大膽，像鷹捉虎撲一樣勇猛；既要熟運機謀，又不能畏懼遲疑。

按：外皮膽大，當為「潑皮膽大」。

㉒心小膽大……動如雷發：心要細，膽要大，表情要自然，內心要狠毒。靜如文弱書生，動如迅雷爆發。

人之來勢，以當審察①：腳踢頭歪，拳打膊體；窄身進步，仗身起發；斜行換步，攔打倒身，抬腿伸發。腳指東顧，須防西殺，上虛下必實著。跪敲指不勝屈，靈機自揣摩②。「手急打手慢」，俗言即是，其真的確③。

起望落，落望起，起落要相隨，身手齊到是為真④。剪子股，望眉斬，加上反背，如虎搜山⑤。三尺羅衣掛在無影樹上⑥。起手如閃電，打下如迅雷⑦。雨行風，鷹捉兔，鷂鑽林。雞摸鵝，摸塌地⑧。起手時，三心相對⑨。不動如書生，動之如龍虎⑩。

遠不發手打，雙手雙心打⑪。右來右迎，此為捷取⑫。遠了便上手，近了便加肘；遠了便腳踢，近了便加膝；遠近宜知⑬。拳打踢，膀頭歪，把勢審人⑭。

能叫一思進⑮。有意莫帶形，帶形必不贏⑯。捷取入法，審顧地形，拳打上風⑰。手要急，足要輕，把勢走動如貓行⑱。心要正，目聚精，手足齊到定要贏⑲。若是手到步不到，打人不得妙；手到步也到，打人如拔草⑳。上打咽喉下打陰，左右兩肋在中心；前打一丈不為遠，近者只在一寸間㉑。身動時如崩牆倒，腳落時如樹栽根，手起時如炮直沖㉒。

【注釋】

①人之來勢，以當審察：對方的來勢，也要仔細地察看。以，當為「亦」。

②腳踢頭歪……靈機自揣摩：腳踢頭必歪，拳打肩必動；窄身必是進步，伏身定要起發；斜行必先換步，攔打必先掉身，抬腿必然伸發。對方眼神往東，須防他從西殺來；對方手在上面虛晃，下邊一定會著實打來。凡此種種，推敲起來，多得指不勝屈，其中的靈機要靠自己積累揣摩。拳打膊體，當為「拳打膊作」。仗身起發，當為「伏身起發」。腳指東顧，疑當為「東顧」，「腳指」兩

字疑衍。跪敲，當為「推敲」。

③「手急打手慢」……其眞的確：「手快打手慢」，這句俗話說的對，的確如此。

④起望落……身手齊到是為眞：起跟隨著落，落跟隨著起，起落要緊相跟隨，身手足要齊起齊落。望，前後相望，這裡指前後相隨。是，這。

⑤剪子股……如虎搜山：剪子股勢、望眉斬勢，加上反背捶（拳），就像猛虎在山中來回搜捕獵物。剪子股、望眉斬、反背捶，都是形（心）意拳招式名。《形意拳譜·六合拳論》：「望眉斬夾反見背，如虎搜山截手炮。」「搶上搶步十字立，剪子股勢如擒拿。」股，腿。望，望著，向著。

⑥三尺羅衣掛在無影樹上：立身中正不偏，內心虛靈不昧，應敵因敵，恰到好處。就像三尺長的羅衣掛在無影樹上，隨風飄動，與風力、風向恰好相應。

⑦起手如閃電，打下如迅雷：意同「心意要訣」中「起手如閃電，閃電不及合眸；打人如迅雷，迅雷不及掩耳。」

⑧雨行風……摸塌地：行如疾風驟雨（快），落如老鷹捉兔（猛），起如鷂子鑽林（無掛礙）。雞摸鵝，摸塌地，這兩句義不明。

⑨起手時，三心相對：起手時，手占中線，腳踏中門，以自己之中正對對方之中，手心、足心、本心，三心相對。

⑩不動如書生，動之如龍虎：不動時如書生一樣文靜，一動時如龍虎一樣靈活猛烈。

⑪遠不發手打，雙手雙心打：雙方相距較遠，不要發手打他；雙手護住自己中線，等待對方接近。

按：「雙手雙心打」義不明，凌本為「雙手護心旁」。

⑫右來右迎，此為捷取：對方從左邊打來，我方就向左邊迎上去還擊；對方從右邊打來，我方就向右邊迎上去還擊。這是走捷徑的取敵之法。

按：這是接上句，雙方相距較遠時，我不主動發手，而是護住自己要害，等待對方進攻。然後，隨對方的來勢和來的方向，直接迎擊對方，不走遠路、彎路。

又按：此句當缺「左來左迎」四字。

⑬遠了便上手……遠近宜知：在迎擊對方時，我方要避實就虛，切入對方的攻勢。若切入到一臂、一腿距離，則用手打或（和）腳踢迎擊對方；若切入到半臂、半腿距離，則用肘打或（和）膝打迎擊對方；若切入到更近距離，則用肩打或（和）胯打迎擊對方。這種一步之內的遠近不同打法要搞清。

⑭拳打踢……把勢審人：此句當有缺文。參考別本，此句疑當為「拳打腳踢，膀作頭歪，把勢審人。」意為「拳打膀必動，腳踢頭必歪，把握好自己的拳勢，仔細觀察和順應對方的來勢。（這樣才能搶得先機，順利地切入對方的攻勢迎擊對方。）」

⑮能叫一思進：當為「能叫一思進，莫叫一思存」，即要時時以進攻為念，不要只求保存自己；要顧打合一，不要單純防禦。

⑯有意莫帶形，帶形必不贏：我心中的攻擊意圖不要在外形上帶出來，否則一定不會產生應有的效果。

⑰捷取入法……拳打上風：快速擊敗對手的方法，要仔細地察看地形，佔據有利的位置。捷取入法，凌本為「捷取人法」。審顧，仔細察看。上風，即有利位置。

⑱手要急……如貓行：出手要急快，舉步要輕靈，把勢走動要像貓行平穩無聲。把勢，練把勢的人，即練武之人。

⑲心要正……定要贏：心要平，膽要正，眼神要專注，懷著必勝的信心，身手足一齊撲上去。

⑳若是手到步不到……打人如拔草：如果只是手打到而步不到位，則打人不得其妙；如果是手打到的同時步也到位，則打倒人如同拔掉一棵草一樣容易。

㉑上打咽喉下打陰……近者只在一寸間：上打咽喉頭面，下打對方襠部，左右打對方的兩肋，中間打對方的當心；往前將對方打出一丈也不算遠，近的只在一寸之內將對方擊垮。

㉒身動時如崩牆倒……如炮直沖：身一前衝，就像崩塌的牆倒下來，將全部

的動能、勢能釋放給對方；腳一落地，就像樹在土裡紮下根，紋絲不能撼動；手一出擊，就像炮彈出膛，不可阻擋。

身要如活蛇，擊首則尾應，擊尾則首應，擊中節而首尾皆相應①。打前要顧後，知進須知退②。

心動快似馬，臂動速如風③。操演時面前如有人，交手時有人如無人④。起前手，後手緊催；起前腳，後腳緊跟⑤。面前有手不見手，胸前有肘不見肘⑥。如見空不打，見空不上；拳不打空起，亦不打空落⑦。手起足要落，足落手要起⑧。心要占先，意要勝人，身要攻人，步要過人⑨。前腿似跏，後腿似鎮⑩。首要仰起，胸要現起，腰要長起，丹田要運氣；自頂至足，要一氣相貫⑪。膽戰心寒，必不能取勝；未能察言觀色者，必不能防人，必不能先動⑫。先動為師，後動為弟⑬。能叫一思進，莫教一思退⑭。

三節要停，三尖要照，四梢要齊⑮。明了三心多一力，明了三節多一方，明了四梢多一精，明了五行多一氣⑯。明了三節，不貪不歉，起落進退多變⑰。三回九轉是一勢，總要一心為主宰⑱。總乎五行，運乎二氣。時時操演，勿誤朝夕。「盤打時而勉強，工用久而自然。」誠哉是言，棄虛語哉⑲？

【注釋】

①身要如活蛇……首尾皆相應：身要像常山之蛇，擊頭則尾還擊，擊尾則頭還擊，擊中間則頭、尾都還擊。

按：《孫子兵法·九地第十一》：「故善用兵者，譬若率然。率然者，常山之蛇也，擊其首則尾至，擊其尾則首至，擊其中則首尾俱至。」

②打前要顧後，知進須知退：在打擊前面的對手時，還要防備後面的對手；既懂得在該進的時候勇往直前，又懂得在該退的時候，暫時撤出。

③心動快似馬，腎動速如風：心經之氣發動，進步快似馬奔；腎經之氣發動，出手速如風吹。

按：本文第五章「五要論」：「心如猛虎，……，腎氣一動快如風。」《形意拳譜・蹟法》：「內五行要動，外五行要隨。」

④操演時面前如有人，交手時有人如無人：自我操練時，面前沒有對手，要像有對手一樣，把各種招式、勁力真切地表達出來；而在實戰交手時，面對強手，要像進入無人之境，解放身心，將自己的所學所練盡情地加以發揮。

⑤起前手……後腳緊跟：前手一出，後手緊跟著出擊；前腳一進，後腳緊接著跟進。

按：此句是講進攻時身手足要緊湊精幹，不可拖泥帶水，以及要連續追擊，一氣呵成，不給對方喘息和反撲的機會。《形意拳譜・五行合一處法》：「寧要不是，莫要停住。」又，《形意拳譜・六合拳論》：「拳去一氣，兵戰殺氣，無不取勝。」

⑥面前有手不見手，胸前有肘不見肘：對方的手向我面部打來，對方的肘向我胸部打來，我視如不見，以整體對局部，顧打合一，化打合一，閃進合一而

擊破之。

按：不見，不是眞不見，而是「見如不見」，只把少部注意放在對方來手（肘）上，運用整體思維、立體思維來應對。

⑦如見空不打……亦不打空落：不對著明顯的空檔出手，不對著明顯的空位上步；拳不向空處起，也不向空處落。打，往，向（著）。

按：這兩句是說，出手起落都要向著對方的重心、中心、中線，上步要直搶對方之位。《形意拳譜·六合拳論》：「見空不打，見空不上，先打顧法後打人。」「手起不要往空落。」

⑧手起足要落，足落手要起：手起則足起，手落則足落；足落則手落，足起則手起。手足要同起同落。

⑨心要佔先……步要過人：心要領先對手，意要超過對手，身要衝撞對手，步要跨過對手。

⑩前腿似跏，後腿似鎮：前腿似鎖身之枷，後腿似鎮身之石，兩腿形成活

動的「人」字形支撐結構。跏，疑當為「枷」。

⑪首要仰起……要一氣相貫：進步發人時，後腳一蹬地，頭要頂起來，胸要展起來，腰要長起來，丹田之氣要運起來；從頭頂到腳底，要一下子貫通。

⑫膽戰心寒……必不能先動：膽戰心寒，畏敵怯戰，一定不能取勝；不能察言觀色的，一定不能防備對方的突然襲擊，也一定不能先發制人。

按：先動，不是指主動進攻，而是指我方的反應領先於對手的進攻動作，即「彼不動，我不動；彼微動，我先動」。

⑬先動為師，後動為弟：先動為師父，後動為徒弟。

⑭能叫一思進，莫教一思退：寧可考慮怎樣進擊，也不要考慮怎樣退避。

⑮三節要停……四梢要齊：上、中、下三節的架勢安排及勁力分配要均停；手尖、足尖、鼻尖，三尖要對齊在同一個前後豎直平面內；血梢、肉梢、骨梢、筋梢，四梢要一齊發動起來。

⑯明了三心多一力……明了五行多一氣：明瞭了手心、足心、本心三心貫

通，能多出一股力量；明瞭了三節之中梢節動、中節隨、根節催，能多出一種方略；明瞭了驚起四梢，能多出一份精明；明瞭了五臟所主管的經絡與拳法的關係，能多出一股中氣。

⑰明瞭三節……進退多變：明白了三節及三節之中各有三節，還有梢節動、中節隨、根節催的運動規律，不貪多、不欠缺，起、落、進、退、縱、橫、反、側，變化無窮。

⑱三回九轉是一勢，總要一心為主宰：身法的各種回環往復，無非是上下、內外貫通的一個整體；無論身法如何變化，總要以心為主宰。

⑲總乎五行……棄虛語哉：將各種拳法統括在五行之中，運使陰陽二氣；經常操練演習，早晚不誤。「在天天盤打的過程中，有時候會覺得勉強不得勁；但是功久之後，拳法終會變得就像是我的本能一樣自自然然。」這話說得真對呀，難道僅僅是一句空話嗎？棄，當為「豈」。

形意拳術

1922年

上海中華

武術會贈

《申報》①志謝②惠贈《教門彈腿》③十一、四、十七④

昨承吳志青君惠贈《教門彈腿圖說》一冊，於彈腿之源流及方法、功用，附圖數百，表示彈腿之姿勢。在專門家視之，故可察其精奧；即⑤普通人士閱之，亦得⑥奉⑦為規範。而悉心研究，由淺入深，有功⑧中國武士道，誠非淺鮮，初未可以尋常體育教科書讀之焉⑨！特志數語，以誌謝忱云。

遠東運動會⑩會務報中外人士讚美中國新體操及疊羅漢十、六、四

他們的表演，極博中外人士的讚美。因為他精神的活潑、操練的嫺熟和動作的整齊，在在⑪可以令人稱讚。他們在很多外國人的面前，將本國國粹盡力

表現出來，使外國人可以知道我國固有武術的真價值，真可謂「為國增光」了！現在東、西洋人很重視我國的拳術，還望國人要群起保存才好呢！再，吳志青君所編的《中國新體操》，是參用心理學和教育學、生理學作根據的，很可以採作學校教材的價值，也望國人提倡起來啊！

《教門彈腿圖說》定價七角　《中國新體操》定價一元

《疊羅漢》定價五角　《形意拳》定價三角

【注釋】

①《申報》：原名《申江新報》，清同治十一年三月二十三日（一八七二年四月三十日）在上海創刊，一九四九年五月二十七日停刊。為近代中國發行時間最久、具有廣泛社會影響的報紙。

②誌謝：用某種方式表示感謝。這裡是用在報上做宣傳的方式。誌，記。

③《教門彈腿》：即《教門彈腿圖說》，吳志青著，一九二二年上海中華書局出版。

④十一、四、十七：這是指民國十一年四月十七日，即一九二二年四月十七日。

⑤即：即使（是），即便（是）。

⑥亦得：也可以。

⑦奉：遵奉。

⑧有功：有功於。

⑨初未可以尋常體育教科書讀之焉：原不可以當作普通體育教科書來讀。初，原，本來。未可，不可以，不能夠。以，按照，當作。

⑩遠東運動會：亞洲最早的地區性綜合運動會，該運動會由菲律賓、中國、日本三國發起，從一九一三年到一九三四年分別在菲律賓、中國、日本三國共舉辦了十屆。這裡指第五屆遠東運動會，一九二一年（即民國十年）五月三十日至六月四日在上海舉行。

⑪在在：處處，到處。

發刊《形意拳》初步宣言

人生最可惜、最痛苦的莫過於身體柔弱、精神萎靡，而最幸福的莫要於①身體健全。而健全身體之法，有動、靜二種，或專從事於筋肉之發達，或專為②精神上之修養。如靜坐法，可謂靜功之一種；而各種器械體操，及中國之棍、劍、石鎖、雙石槓子等運動則均屬動的。然二者均有流弊。常有因靜坐妄思而得精神病，因運動過度而減少聰明者，皆因不明體育原理之故也。

近時代東西各文明國，均注重體育，已視為一種科學。體育家研究結果，均謂精神與肉體應同時鍛鍊，所謂「平均發育」「身心合一」「修養人格」等主張是也。如創制柔軟體操，即本諸此理。但其體育之理論固是，而其術尚未盡善。

頑軀孱弱多病，友人勸習拳，不久而漸覺轉健。如是恍然以中國之拳術，精神、體魄同時鍛鍊，實合於體育原理。竊以好勇武者，多椎魯無文，不能研究奧理以導後學；而文人又不肯學習，惄③焉憂之。乃於民國五年④，與體育同學吳志青創立武術會，號召四方同志。晨夕研究，聲譽日隆。又經全國教育會議決，請教部將吾國故有武術，實行加入學校正科，並立國技專修學校，廣造武士。初則在北四川路宜樂里租屋數楹，來學者亦甚寥落。今則購地自建新屋，會員數千人，日習不懈。平日又派教師至男女各中小學校實施傳授，即纏足年老女者，習之稍久，亦無困難。由此可知武術施於學校之有利無弊，而身體之健康，尤有特殊之效益也。

設會之始，同人早知形意拳優點，南方無人提倡，深為惜之。特函托奉天拳家陳子正先生物色教師二位，慨然允許介紹劉致祥、陳金閣。當時，又在商務印書館俱樂部發起國技研究會，一時加入晨習者數十人。五年以來，幸無流弊，而綿薄之力，終不能使之發展，甚自愧也。今與會內外同志立願：以強一

身者強吾同胞，強同胞者強吾國家。古人云：窮則獨善其身，達則兼善天下。予謂人生如欲保守率真天性、淡泊態度，當不取功名利祿，掌生殺之權，擅作威福。以自快者，則必學崇尚俠德之風，普度眾生，方不虛度一世！吾將以此冊風行宇內，而以武術同聲之求。

東鹿李劍秋先生，世傳妙術，嘗應清華學校之聘。本以數載之經驗，編成《形意拳》一冊，其高足弟子黃方剛⑤君，寄余刊以問世⑥。余讀之且喜且感⑦，就商於⑧會中老同志朱勵公、胡世朗、汪九如、陳勇三諸公，設法出版。同人以⑨其法淺易學，功效宏偉；其意旨與生理、心理符合，其玄妙與吐納法會通，洵練身之良法！苟人人依此而行，學之以漸，持之以恆，強固其種族，健全其個人，當以此書為先導⑩也。黃君方剛，今夏將赴美習教育哲學。余嘉⑪其有強國救世之志，介紹吾國武化於新大陸⑫，爰⑬與同仁集資，先印三千本，分贈第四屆徵求會員熱心家，以誌紀念云爾。

一九二二八月黃警頑⑭旅寧⑮序於東南大學⑯體育館

【注釋】

①莫要於：沒有比……更重要的了。

②為：做。

③惄：音ㄋ一，憂思傷痛。

④民國五年：一說為民國八年。

⑤黃方剛：一九〇一——一九四四年，哲學家，教育家，黃炎培長子。江蘇省川沙縣（今上海市浦東新區）人。一九一五至一九二三年在清華學堂學習，一九二四年至一九二七年在美國卡爾登大學獲文科學士學位，一九二七年至一九二八年在哈佛大學獲哲學博士學位。曾經任教於廣西大學、東北大學、北京大學、四川大學、金陵大學、武漢大學、華西大學等。

著有《蘇格拉底》（商務印書館，一九三一年版）、《道德學》（世界書局，一九三五年版）、《〈老子〉年代之考證》（原載於《哲學評論》二卷二期，一九二八年九月；後收入《古史辨》第四冊，一九三三年）、《知行難易

解》（原載於《再生》第一卷第二期，一九三二年六月）等論著。一九四四年一月十七日，因染上肺病在四川樂山去世，年僅四十四歲。

黃方剛去世時正值抗戰，由其一李姓學生安葬在自家田地（今四川省樂山市九峰鄉鞍山村山窩），黃炎培先生為黃方剛題寫墓誌：「方剛一生清正，抱道有得；言行一致，誠愛待人，取物不苟；著書講學，到死方休。雖其年不永，亦可以無愧於人，無愧於天地。」

⑥寄余刊以問世：寄給我，讓我來（負責）刊刻發行。

⑦且喜且感：又高興又感動。

⑧就商於：前往與……商量。就，靠近，走進，趨向。

⑨以：以為，認為。

⑩先導：引路者，開路者。

⑪嘉：嘉許，贊許。

⑫新大陸：也稱「西大陸」或「新世界」。指南、北美洲，即西半球陸

地。

⑬爰：乃，於是。

⑭黃警頑：一八九四——一九七九年，原名鏡，字鏡寰。一八九四年，生於上海顧家弄，其父為科舉出身，家貧。一九〇九年（按：或說「一九〇七年」，誤），考入商務印書館附設商業補習學校。一年半提前畢業後，先在商務印書館的發行所做學徒，三年後，升為店夥。

一九一一年，辛亥革命時，離職參加書業商團，參與攻克江南製造局，光復上海。繼又邀華僑學生多人，一起投軍，加入滬軍北伐先鋒隊，轉戰於蘇魯各地，備嘗辛苦。最後革命功成，共和建立，由滬軍都督陳其美保送到臨時政府及留守府當憲兵。

一九一三年，被商務印書館召回，擔任專門負責應酬交際事宜的幹事（相當於後世的公關部長）直至一九四六年。為商務印書館聯繫作者、讀者做出了巨大的貢獻，被稱為「交際博士」。一九三〇年的《良友》第五〇期稱他為「別開生面的交際家」。

黃警頑先生一生，求知若渴、勤奮好學，只有小學學歷的他，透過自學學會讀書、看報、寫作，一生寫過三十多本書；積極進行體育、武術鍛鍊，愛好旅行名山大川；仰慕晏平仲（按：即春秋時齊國大夫晏嬰，字平仲）的為人，崇尚俠義，樂善好施，慷慨助人，富有正義感。曾經幫助過困境中的徐悲鴻、收留過朝鮮愛國志士安重根的兒子等。可以說，他幫助過數不清的人：給予資助、介紹職業、安排學業、進行宣傳推舉、牽線搭橋，等等。

他熱心且盡力於公共事業，曾參與創辦了「中華武術會」「民生工藝場」「晨更工學園」等數十個社會公共團體。

一九三二年，「一·二八」事變中，他為傷兵醫院和難民收容所的事務呼籲、奔走，參加淞滬抗日義軍的戰地工作。

一九四一年，《申報》成立社會服務處，請黃警頑兼任處長，負責助學、濟貧、救助難民、處理讀者來信等工作，直到抗日戰爭勝利。

一九四七年，被擔任校長的徐悲鴻邀請到北平藝術專科學校任職。一九五三年徐悲鴻去世後，黃警頑繼續留在中央美術學院從事工會的工作。

⑮旅寧：旅居南京市。寧，江蘇南京市的簡稱。

⑯東南大學：以工為主的綜合性大學，校址在南京。其前身為始建於一九〇二年的三江師範學堂，一九一五年更名南京高等師範學校，一九二一年更名國立南京大學，一九二八年更名國立中央大學。後又經多次變革，一九八八年重又更名為東南大學。黃警頑先生寫此序時正值「國立東南大學」時期。

《形意拳術》敘一

我國拳術，傳之最古。自重文輕武之習俗成，而士夫置之不講，致傳習者多椎魯無文之人，不能有所發揮，遂使固有國粹，日就淹沒，良可痛惜！

近數十年，經學校之提倡，喚起國人研究之心。始則隨意練習，繼而採入正科。南北兩派分道並馳，各就所師，以相授受。間有著書立說者，法門務求其廣，形式務求其煩，未能從基本下手，欲學者之獲益難矣。夫肢體之動作，苟不與精神並運，則流於機械作用，貌合神離。以之飾觀瞻則可，以言實用則未也。

今之拳術，求所謂肢體動作與精神並運者，其莫如形意拳乎？相傳此法創自岳武穆，流傳於大河南北。其法在以意使形，聚氣於小腹，一動一作，形與

意無不聯絡。且練習時又無騰躍跌打之姿勢，但求實用，不尚觀瞻，學者不感困難；然及其習至深奧，則非其它各種拳術所可及；且得以卻病延年，通乎妙道，實合內功、外功而一之。宜乎風行於各學校也。

束鹿李君劍秋精此術，教授於清華學校既有年，就經驗所得編成此冊，黃生方剛請序於余。余門外漢也，未便重違其請，爰述數語以遺之。

民國八年十一月蔣維喬敘於京師之宜園

《形意拳術》敘二

人民體質強弱，關乎國家之盛衰。西人以體育為三大要素之一，國人莫不講求，是以舉國體育無不強者。我國粵古①以來，崇尚文風，不事武備。武術一道，久棄弗用，以致人民體質日羸，思之良用浩歎②！

王君俊臣、張君遠齋、李君劍秋均為形意中之巨擘，忧國粹之沉淪，憫體育之不振，屢思提倡形意拳術者久矣。今李君將以數十年經驗所得之秘奧，更悉心研究，集句成書，欲使武術發展普及全國，庶養成人民勇武之體魄，革除文弱之頹風，得與列強相頡頏。苦心孤詣，欽佩實深！

敝人等廁身戎行，歷睹武漢、川、滇戰事，每於白刃相交，柔弱者輒為強健者所刺傷；即曠日持久，體壯人率能忍勞耐苦，終獲勝利，斯實體質強弱利

害之明證。今劍秋君具此苦心，拯救柔弱，功德誠無涯量。書成，囑序於余。余按章披覽，覺語語入微、言言中肯，觀畢，竟有按劍起舞之概，洵近世體育書中之傑作也，爰濡筆而為之序焉。

時在己未孟冬　保陽李海泉　安平張雪岩　同序

【注釋】

①粵古：一九一九年版為「奥古」，當指「上古」，即深遠的古代。奥，深。此處「粵」字為「奥」字之誤。

②良用浩歎：確實令人為它大聲歎息！良，確實，誠然。用，因（此）。浩歎，長歎，大聲歎息。

自序

形意拳術，傳自北魏達摩禪師。至宋岳武穆王得其傳，嘗以槍與拳合立之一法以教將佐，名曰形意，「形意」之名自此始。歷金、元、明數代，此術之傳不可考。至明末清初，蒲東諸馮人有姬公際可字隆風者，訪名師於終南山，得武穆王拳譜，以授曹繼武先生。曹以授姬壽先生。姬先生序武穆拳譜而行之於世，即今通行之《形意拳譜》也。同時，洛陽有馬學禮者亦得其傳。咸豐間，祁縣戴龍邦與其弟陵邦俱習藝於馬公家，盡得其術，名震山右。同治末，深州李能①先生遊晉，聞戴名，訪之。好其術，學之九年而技成。及東歸，設學授徒，從其遊者頗眾。直隸之有形意拳術，自李先生始。

先生既歿，繼其傳者，博陵劉奇蘭先生外，郭雲深、車永鴻、宋世榮、白

西園等先生皆得形意之要。劉奇蘭先生傳諸其子錦堂、殿琛、榮堂三先生及其弟子李存義、周明泰、張占魁、趙振標、耿繼善諸先生；郭雲深先生傳諸劉勇奇、李魁元諸先生。李存義先生傳諸尚雲祥、郝恩光諸先生及其子彬堂先生；張占魁先生傳諸韓慕俠、王俊臣、劉錦卿、劉潮海、李存副諸先生及其子遠齋先生；李魁元先生傳諸孫祿堂諸先生。余叔祖文豹、父雲山皆從學於李存義、周明泰二先生，余因得家傳。

回念幼時多病，中外醫士俱無術為治，遂專習形意拳術。不特病癒，且增健焉，形意之為大用誠無疑也！屢思公諸大眾。民國元年，劉殿琛、李存義、張占魁、韓慕俠、王俊臣諸先生先後發起武士會於天津及倡尚武學社於北京。其後，孫祿堂先生又有《形意拳學》之著，余猶以為此術之發達僅偏於北部，而孫先生所著，流傳亦未為甚廣，因②不揣菲陋③，而勉為是書④焉。

民國八年十二月十九日，束鹿李劍秋序

【注釋】

①李能：亦作「李洛能」。

②因：因此，因而。

③不揣菲陋：不估量（自己）知識微薄，見聞不廣。揣，量度，引申為估量、猜度。菲，微，薄。陋，見聞不廣，淺陋。

④勉為是書：勉強做（編著）這本書。是，這。

序

西學①之設教②也，有德育、智育、體育。體育者，練尚武③之精神以強其體者也。體強而後其德進④、其智睿⑤，是⑥體育實足以冠⑦德、智之兩育，故斯巴達⑧獨重⑨體育也。凡兒童七歲，即入體育場，以練高飛⑩、競走⑪、角力⑫、拋槍⑬、投環⑭之技，斯其俗重武，而其民好勇。仿其制以救中國今日之積弱，誠⑮良藥也。

雖然，此豈可以率爾操觚⑯哉？蓋⑰必有⑱古法之真傳，名師之善誘，然後可以成金剛不壞之身。顧⑲其教雖灌輸於泰西⑳，而其法實隱合㉑於北魏。蓋北魏之達摩㉒祖師，已有是術㉓。傳至宋岳武穆王，乃變化其術，以拳法合槍法，教其將佐，名之曰「形意拳術」。形意之學，雖代有傳人，而著述不概見㉔於世。今惟㉕孫祿堂先生，有《形意拳學》之作。嗣㉖有束鹿李君劍秋者精此術，教授於清華學校者有年㉗，見孫作，慕其學，恐其㉘傳㉙不廣，因復㉚就其經驗之所得，編成此書，行㉛見達摩、武穆之真傳再見於今日也，誠後學之津筏㉜歟！

庚申㉝孟夏㉞，白龍山人王震㉟序

【注釋】

①西學：西方的學術思想，這裡指教育。

②設教：設立教學科目。

③尚武：崇尚武力（功）。

④德進：道德增進。

⑤智睿：智慧通達。

⑥是：這樣看來，由此看來。

⑦冠：加在……前面。

⑧斯巴達：古希臘城邦。西元前二十一世紀末葉，多利安人的一支由北方遷入，佔領伯羅奔尼薩斯半島東南部的拉哥尼亞，約前八世紀，征服西鄰美塞尼亞，並建立斯巴達國家（因斯巴達城而得名）。斯巴達人是全權公民，以剝削希洛人和庇里阿西人為生。實行軍事貴族寡頭統治，成年男子皆為戰士。前六世紀後半葉，以斯巴達為首結成伯羅奔尼薩斯同盟。前五世紀上半葉，希波戰爭中，與雅典及其他城邦共同抵抗波斯侵略。後在伯羅奔尼薩斯戰爭中打敗雅典，成為希臘世界頭等強國。前四世紀上半葉，與雅典、底比斯等城邦繼續角逐，受挫。前四—前三世紀，馬其頓侵入希臘時期，貧富分化，社會矛盾加劇，勢衰。前二世紀中葉，併入羅馬版圖。

⑨獨重：只重視。

⑩高飛：跳躍。

⑪競走：比賽跑步。

⑫角力：比賽力氣。

⑬拋槍：即投標槍。

⑭投環：當為「投盤」，即擲鐵餅。

⑮誠：真是，的確是。

⑯率爾操觚：率爾，貿然，隨便地。操，持，拿。觚，音ㄍㄨ，木簡。操觚，指做文章。拿起木簡就寫。原來形容文思敏捷，後也形容寫作態度不嚴肅、隨意著筆。

⑰蓋：連詞，表示推論原因。

⑱必有：必須有。

⑲顧：但。

⑳泰西：就像說「極西」，舊時用來稱西方國家，一般指歐美國家。

㉑隱合：暗合。

㉒達摩：即菩提達摩（？—五二八年或五三六年），中國佛教禪宗創始人。被尊為「西天」（印度）禪宗二十八祖和東土（中國）禪宗初祖。相傳為南印度人。南朝宋末航海到廣州，又往北魏（舊說達摩過金陵時，與梁武帝話不投機，遂渡江北去）洛陽傳佈禪學，後住嵩山少林寺。傳說達摩在此面壁打坐九年。後遇慧可（四八七—五九三年），授以《楞伽經》四卷及其心法，於是禪宗得以流傳。

㉓是術：這種學術。

㉔不概見：連概略的記載都沒有。

㉕惟：只有。

㉖嗣：嗣後。

㉗有年：多年。

㉘其：它。這裡指孫祿堂《形意拳學》。

㉙傳：流傳。

㉚因復：因而又。

㉛行：將。

㉜津筏：渡河的木筏，比喻導致成功的門徑。

㉝庚申：一九二〇年。

㉞孟夏：初夏，指農曆四月。

㉟王震：一八六七年十二月四日——一九三八年十一月十三日，字一亭，號白龍山人、梅花館主、海雲山主等，法名覺器，祖籍浙江吳興，出生於上海青浦，清末民初著名畫家、買辦。

【譯文】

西方教育設置的教學科目，有德育、智育、體育三門。體育是培養尚武精神來強壯人的身體的。身體強壯，他的道德就會增進，他的智慧就會通達，如此說來，體育確實完全可以排在德、智兩育的前面，故而古希臘的斯巴達城邦特別注

重體育。凡是男孩長到七歲就進入體育場，練習跳躍、賽跑、比力氣、投標搶、擲鐵餅的技術，這樣它的風俗就特別看重武力，它的人民都勇敢善戰。仿照它的教育制度來拯救中國今天的積弱，確實是一味良藥。

不過理雖如此，但是這件事怎麼可以率爾操觚呢？因為必須有古法的眞傳，名師的善於誘導，然後才可以練成金剛不壞之身。它的理論雖然是由西方灌輸過來的，但它的方法其實在我國的北魏時已經有了。北魏時的達摩祖師，已有這樣的練習方法。傳到宋朝的岳武穆王，又加以改進，用拳法去體現槍法，教練他的將佐，起名叫「形意拳術」。形意拳學，雖然代有傳人，但在世上的各種著述中連概略的記載也見不到。現今只有孫祿堂先生寫有《形意拳學》一書。嗣後又有束鹿人李劍秋先生精於此術，在清華學校教學多年。李劍秋先生看到孫祿堂的書，仰慕他的學術，擔心他的書流傳不廣，因而又根據自己的經驗所得，編成此書。（此書的出版發行）將要使達摩、武穆的眞傳再現於今日了，眞是後學者的津筏啊！

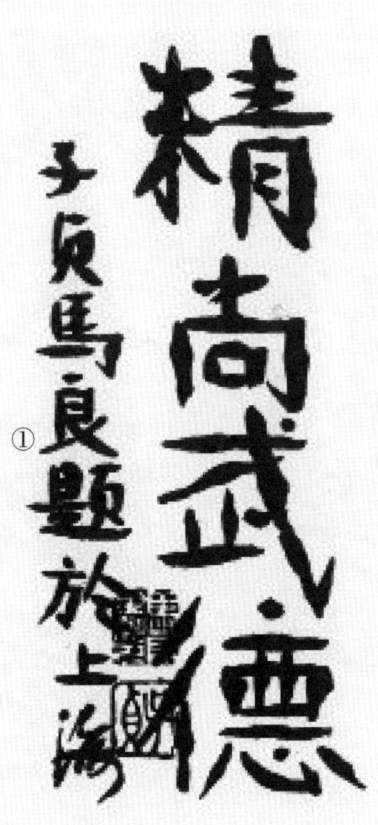
精尚武德
子貞馬良①題於上海

救人強種

全國道路協會 吳山

②

【注釋】

①馬良：一八七五——一九四七年，字子貞，河北清苑人，回族，民國時期軍閥、武術家，畢業於北洋武備學堂。曾任第四十七混成旅旅長、濟南鎮守使、西北邊防軍第二師師長。抗戰爆發後，馬良被日本人任命為山東省省長兼保安總司令，後加入汪偽國民政府。一九四六年在濟南被逮捕，以漢奸罪名下獄。一九四七年病死濟南獄中。馬良熱心推動傳統武術，曾招攬楊鴻修等武術家為其門下，著有《中華新武術》。

②吳山：一八七六——一九三六年，原名吳平之，四川江津人。辛亥革命前就讀於兩湖書院。入民國，在江津從事新聞事業，後在天津進行反袁活動，旋因避捕走日本，入東京明治大學。一九一六年回國，次年參加護法，任廣東大元帥府秘書及司法部司長，署次長、代理部長。期間在中華聖公會受洗加入教會。一九二一年，任中華全國道路建設協會總幹事。「九一八」事變時，在上海編輯《道路月刊》。曾和朱慶瀾等在滬組織華僑救國經濟委員會，籌款接濟東北義勇軍。病逝於江蘇丹陽。

闡發吾國尚武之精神

吳鐵青題於中華武術會

民強而后國強

王壯飛①書於上海公共體育場

國技確有特殊之地位

盧頌恩題于東亞體育館

童子軍應具的技能

顧拯來② 於江蘇童子軍聯合會

發揮我們潛伏的天才

③ 華豪壽書于兩湖女子體育學校

發揚國技

④ 碩穀若題于東大

國魂所寄

⑤ 柳咸赳題于中華體育學校

其德剛健而文明

⑥ 朱重明贈於江蘇體育研究會

【注釋】

①王壯飛：曾任上海縣童子軍聯合會訓練中心幹部（一九一七年）。

②顧拯來：體育家，體育教育家。曾經任江蘇童子軍總教練（一九一七年）、廈門集美學校海上童子軍總教練（一九二三年）等。著有《游泳術》（一九三一年）、《海上救生法》（一九三二年）。

③華豪吾：曾任中國女子體育學校（一九〇八年創辦）校長。

④顧穀若：曾任華北體育改進社委員（一九三三年）。

⑤柳成烈：中國體育學校畢業，曾創辦成烈體育專科學校。

⑥朱重明：中國體育學校畢業，曾創辦蘇州中國體育專門學校。

人種精強的妙術

蔣叔琳題於中國女子體育學校

表現人體之真美

李毅士①吳法鼎②題於上海美術學校

挽回女性底柔弱

唐雅貞③書于女青年会體育師範

發展本能

沈有乾④題

【注釋】

①李超士：一八九四——一九七一年，名驤，廣東梅縣人，現代畫家，美術教育家。擅長粉畫、油畫。一九一二年，赴歐勤工儉學，一九一九年，畢業於巴黎國立高等美術學院。曾任上海美專、國立北平藝專、杭州藝專教授，中央美術學院華東分院、山東師範學院暨山東藝專教授，中國美術家協會會員，中國美術家協會山東分會主席。李超士是較早留法學習繪畫的學生，也是中國老一代的油畫家之一。作品粉畫《南瓜豐收》等由中國美術館收藏。出版有《李超士粉畫集》《李超士畫集》。

②吳法鼎：一八八三——一九二四年，字新吾，河南信陽人。一九〇三年，考入北京譯學館，學習經濟和法文。一九〇八年畢業，回鄉創辦小學。一九一一年，被河南省選派為首批留歐公費生，赴巴黎學習法律，後放棄法學專攻美術，成為留法學生中學習美術之第一人。初在高拉羅西畫室，後入巴黎國立高等美術學院學習。一九一九年夏回國，在上海參加藝術活動，同年冬受聘任北京大學畫

法研究會西畫導師。一九二〇年，任北京藝術專門學校教授兼教務長，並與李毅士組織阿博洛學會。一九二二年十月，與上海劉海粟、汪亞塵、王濟遠、李超士、張辰伯等在滬舉行「洋畫作品聯展」，甚有影響。一九二三年，因北京藝專發生風潮而辭職，應聘上海美專教授兼教務長。一九二四年二月二日，在開往北京的火車上因腦溢血去世，年僅四十二歲。他油畫技藝和素描基礎紮實，風格嚴謹。代表畫作有《雨》《旗裝婦女肖像》《青龍橋英雄》等。傳世作品有油畫《風景》《海濱》，中國畫《打獵圖》（均藏中國美術館）等。

③唐稚質：一九九八——一九六九年，即唐質。本名家琇，號稚質，字曉瑩，工作後常用單字「質」。廣西灌陽人，陳寅恪夫人。前清署理臺灣巡撫唐景崧的孫女，自幼受到良好教育，尤擅書法。一九一五年，畢業於天津的北洋女師。一九一七年秋，唐質爭取到公費學習名額，赴上海基督教女青年會所設立的體育師範就讀，與我國第一位體育女博士張匯蘭為同學，兩年後畢業，從事體育教育工作，在天津母校擔任體育主任，後又到南京金陵女子大學體育專業本科就

讀。畢業後，唐質受聘到北京女高師教體育課（曾教過許廣平）。教學和科研之餘，也擔任北京中等以上學校體育聯合會裁判，也參加北京體育學會的工作，並為女子聯合運動會會長。

④沈有乾：一九〇〇—一九九六年，字公健，上海人。一九一二年至一九二一年，就讀於北京清華學校，一九二一年，赴美留學，從一九二二年起，他靠庚款留學美國斯坦福大學、哈佛大學和哥倫比亞大學，研究實驗心理學、統計學和數理邏輯學。一九二六年，他獲得斯坦福大學哲學博士學位。回國後先後在光華大學、浙江大學、暨南大學和復旦大學教授邏輯學、心理學和統計學。二十世紀四十年代再次赴美，曾任聯合國秘書處考試與訓練科長與紐約市立大學皇后學院教授等。著述主要有《心理學》《教育心理學》《論理學》《現代邏輯》《初級理則學綱要》《試驗設計與統計方法》等，他是二十世紀中國心理學和邏輯學研究的先行者之一，對佛洛伊德的精神分析學說、懷特海和羅素的數理邏輯學說均有獨到的見解。

保康之法

黃方剛題

保國強種之方針

朱沛壽[1]題於[illegible]

強國之基

安定根[2]題於國技學會

民眾應具的技術

陳淳題於京師一女中

【注釋】

①朱鴻壽：字皋山。清末江蘇寶山（今屬上海）人，行醫為業。善文墨，幼習家傳武術，後從楊殿榮習多式拳械與技擊術，曾任武藝教員，上海中西普通醫院院長。著有《拳藝指南》《女子拳法》《少林拳法圖說》。

②安定根：當指一九一〇年在哈爾濱刺殺伊藤博文的朝鮮愛國志士安重根的二弟，朝鮮順興人。

《形意拳術》初步凡例

⊙形意拳術本有五行拳、十二形拳及各種套拳，如連環拳、雜式捶，及對拳，如五行生克拳、安身炮，茲但述五行拳、連環拳者，良以五行拳為一切形意拳之根本，餘皆自五行拳變化而出。昔郭雲深先生專習形意，善以崩拳擊人，彼意謂普通拳術之所以不如形意拳者，蓋華而鮮用耳。然按之創作時，豈不可用哉？而竟至不可用者，以始而簡潔，繼而增繁，終至失其本意耳！故唯恐形意拳術之漸趨漸華①，而亦蹈此弊，不能使學者務其基本以自發其用，爰編之如此。其增以連環拳者，蓋欲使學者於單習一種之暇，更作五種聯合之操練，於此即可知拳數之如何變化也。不列對拳者，以交手之時，既不可拘拘於一定之對法，且其對法亦不易筆述也。學者誠能於五行拳稍有根基之後，結伴互相操練交手，種種妙法可自得之，本不必藉乎書焉。

⊙五行拳中，各拳理一貫而勢不同。勢不同，易為也。理既一貫，則初學時專習一種，習一年或半年後，對於此一種已有心得，然後遍習他種，則不數日而他種之勢皆得，同時，理勢相合。雖數日之功，而實不減於一年、半年習一種之功，何也？初習一種至一年、半年之久者，非其勢之難，實會其理之難也。一種之理會，即他種之理會，故於他種但習其勢，使前已會得之理與後所習之勢相合耳，其功故較易也，此經濟之道。學者誠能專習一種，依此而行，獲益必多。最好先習劈拳，因每拳起首必作劈拳勢，不先習劈拳，即無以習他拳。

⊙普通編拳術者，每用拳術家特別語，如所謂「怪蟒反身」「黑虎出洞」等名。參入無益，故一概不取。

⊙本編於正述之先，作數語為引言，總論及第一、二三章是也。

⊙本編第六章《形意拳術之要點及其研究》，其中但舉一二為例而研究

之，其餘未經筆述者甚多，希學者能於精習後，以科學研究方法一一發明之。

⊙書中多用形意拳術與普通拳術比較語，非欲抑其餘以尊一②也，以事實如此耳。然普通拳術，亦非可一概而論。如彈腿一種，實用甚多，非其他拳術可比。學者精習而平心以論之可也。且鄙見以為愈比而愈精，安知經如是討論後，不更產一最勝之拳術哉？幸勿誤會。

⊙後附《形意拳譜》中之要論及交手法，中多要語，並有不可解之字句，蓋久而漸異乎原本也，學者不可不細心體察之。

【注釋】

①漸趨漸華：越往後越華麗。

②抑其餘以尊一：貶抑其餘而推崇一種。

形意拳術（一九二二年版）目次

形意拳術 總論

夫拳術之為用大矣。強健身體，防禦外侮，其大綱也。實即為我國國粹，然我國人能之者絕少。在昔士子，多汲汲從事科舉之道，獵取功名；其餘工藝之徒、商賈之輩，知識學問更屬缺乏。以是強身之道，幾無有顧而問之者。區區拳術之傳，又何望普及哉？外人「病夫」之譏，良有以也。

自列強武器之輸入，競以槍炮為利器，而拳術益替矣！然外人之僑居我國者，每觀我國拳術而不勝讚歎驚訝焉。每有從而學之者，侈然以示其國人，眾咸奇之。以我國人所鄙夷而不屑學者，外人見之，而反願得其傳。說者謂此皆凡人好奇之心性使然，然拳術之未嘗無價值，即此已可見一斑矣。我國人欲定其價值者，當先知所取捨、知所研究，即得之矣。

第一章 拳術之功用

長跑、短跑、跳遠、跳高、跳欄、撐竿跳、擲鐵球、擲鐵餅、擲標槍、足球、籃球、網球、游泳、鐵槓、木馬諸種運動，除游泳、足球、籃球外，用力之處皆有所偏。如跑跳，則下身用力大於上身；擲鐵球、鐵餅，則臂與肩用力大於腿與足。若習此種運動，則其肌肉之發達、氣力之增加，必局於某部，而他部若未經練習者焉。

必欲盡其類而皆習之，以遍獲其益，則於時間既不經濟，而此種運動器具與地場，即學校內亦未必完備，若在它處，則更難於遂願。

若習拳，則必全身齊力，凝神集氣。目欲其明捷，肢欲其活潑，頸欲其靈旋，腹欲其堅實。體既如是，而精神團結、意志果決、剛毅之氣、忍耐之力於是乎生矣。

且地無所擇，不待於廣；徒手而操，不待於器。其利便為何如哉？論其應用，不特保護一身，更可保護他人。扶弱抑強，俠義之風，即於此基之。習拳術之利益，非較習各種運動而有特別之優點乎？

第二章　形意拳術之功用

拳術之功用，既於前章言之矣，形意拳術之功用亦不外是。形意拳術者，應用既勝於普通諸拳術，而習之尤利便。無論男女老少，苟志於是，則皆無所困難也。何以知之？曰：無騰躍，無打滚，但求實用，不求可觀，以是知其無難也。若習之而達於深奧，則雖力勝於己者，亦不難擊之於丈外，制敵之命，易如反掌焉！

顧形意之效用，不盡在是，尤能使精神充足，作事敏捷。前者可卻病延年，後者可有為於世——此即其功用之最大者也。

第三章　形意拳術之基本五行拳

五行拳者，劈拳、崩拳、攢拳、炮拳、横拳也。分五節以演之。

第一節　劈拳

拳名「劈」者，以其掌之下，如斧之「劈」也。

由立正時起首①。

㈠、兩手握拳。右臂以拳心貼身②上升，自心口向上前伸③，至拳之高度在眉與頸之間止。當右拳未過心時，右臂④已含有右轉⑤意，右臑⑥（自肘至肩曰「臑」）亦微轉。及右拳自心口伸出時，右臂盡力右轉，至右拳之小指屈

曲而成之圈形向上⑦為止。其時，右肘正止於⑧心口前⑨，離心口約半尺，肘穴上向⑩。當右臂如是⑪動作時，左臂亦左轉⑫向上前伸，即貼身止於前心口⑬，拳心亦上向。有隨右肘前伸意。同時，眼視右拳，頭向上頂。胸任開展，小腹鼓氣，臀向前挺。兩膝稍屈，而兩胯相夾甚緊。如第一圖。

第一圖

【注釋】

①起首：開頭，即起勢。

②貼身：貼著胸前中線。

③自心口向上前伸：由心口處向前上方鑽出。

④右臂：右小臂。

⑤右轉：即外旋。

⑥右臑：右大臂。臑，音ㄋㄠˋ。

⑦右拳之小指屈曲而成之圈形向上：即小指朝天。

⑧正止於：正好到了。

⑨心口前：心口正前。

⑩肘穴上向：肘窩朝上。

⑪如是：如此。

⑫左轉：外旋。

⑬前心口：心口前。

㈡、左拳由心口前伸，在右肘、右臂之上經過。至兩拳相遇處，兩拳皆翻成掌，皆手背向上。而左掌斜落、前推，右掌斜落、後拖，止於臍之右旁。兩掌之指，其各節皆微彎，各指張開不相著①，而虎口（大指與食指之間曰「虎口」）作大圓彎②。兩掌之大圓彎皆上向。左肘向裡緊裹，與第一圖右肘無異，惟彼係拳，此係掌耳③。右臂緊貼腰處。當兩臂如是動作時，左足隨左手之前推而亦前進。其前進之形如箭，蓋其進也直而速；及其著地，則如箭之中物，足趾緊鉤住地，固而不易拔矣。步之大小、隨身之長短。其時，右足不動，兩膝微彎，左膝與左足跟成垂線，右膝與右足跟成垂線，兩腿如剪。在前之左腿，雖有前進意，而亦含後扣意。在後之右腿，雖屹立不前，而頗有前催意。前後相夾，不亦穩乎？其餘各部，其用力，始終依前所云。凡以上所示者，觀第二圖自明。

說明：此圖本應面左，因面左後右臂不能照見，故面右④。

第二圖

【注釋】

①著：貼靠。

②虎口作大圓彎：虎口撐圓。

③惟彼係拳，此係掌耳：只不過那裡是拳，這裡是掌而已。

④此圖本應面左……故面右：此圖本應該面朝左，因為朝左後右臂照不上，故而面朝右。

㈢、左手收回。收法在①用力拳屈各指，如拉重物然②。及其收至心口，掌復③變為拳矣。於是更自④心口發出，與第一圖之右手無異。同時，右掌亦後拉⑤，變拳而出⑥，止於心口，與第一圖之左手無異。須留意者⑦，凡後拉而變掌為拳時，其掌皆含有下壓之力；凡拳前伸時，皆含有上挑之力。其故維何⑧？蓋以其拳或掌在前所止之處⑨，較心口稍高也。同時，左足隨左手以⑩出。其步法與前不同。足尖外轉約三十度如立正式，然後前進，謂之「墊步」。

後足本作墊步者，仍作墊步。「墊步」者，當前足進大步時，後足即上墊，使兩足距離有定，以免不穩之患者也⑪。劈拳中，凡隨拳而出之步，皆屬墊步。此段所說，乃劈拳「拳式」，如第三圖⑫是也。

㈣、然後右手、右足上前，右手變為掌。與第二圖之左手、左足同一動作⑬。此段所說，乃劈拳「掌式」，如第四圖⑭是也。

【注釋】

①在：在於。

②如拉重物然：就像（往回）拉一個重物。

③復：又。

④更自：再從。

⑤右掌亦後拉：右掌也先往後拉

第三圖

第四圖

回。

⑥變拳而出：再變成拳鑽出。

⑦須留意者：需要注意的是。

⑧其故維何：這是什麼緣故呢？

⑨在前所止之處：在前面所到的地方。止，至，到。

⑩以：而。

⑪後足本作墊步者……以免不穩之患者也：原本作為墊步的後（左）腳，仍做墊步（按：這一「墊步」現通稱「跟步」，即跟進半步）。「墊步」（按：即「跟步」），就是當前腳進大步時，後腳立即往上墊半步（按：即跟進半步），使兩腳距離一定，以避免立身不穩。

按：這一段文字當為誤置，作者原文中，此段當在下文第四條最後一句話之前。則原文本來應當是：

……同時，左足隨左手以出。其步法與前不同。足尖外轉約三十度如立正式，然後前進，謂之「墊步」。劈拳中，凡隨拳而出之步，皆屬墊步。此段所說，乃劈拳「拳式」，如第三圖是也。

㈣、然後右手、右足上前，右手變為掌。與第二圖之左手、左足同一動作。後足本作墊步者，仍作墊步。「墊步」者，當前足進大步時，後足即上墊，使兩足距離有定，以免不穩之患者也。此段所說，乃劈拳「掌式」，如第四圖是也。

⑫第三圖：應看第四圖，原書第三圖與第四圖放反了。

⑬同一動作：動作相同。

⑭第四圖：應看第三圖，原書第三圖與第四圖放反了。

㈤、右手、右足之動作，與第三圖①之左手、左足同。

㈥、左手、左足復作如第二圖，左手復變為掌。如此絡繹不絕。

凡一手一②變為掌，為一③劈拳。左手欲作劈拳，則必其前著④為右拳、

右足在前；右手欲作劈拳，則必其前著為左手、左足在前也。

若欲轉身，則當左手劈拳時，須自右向後轉，而變成右手、右足在前，右手作拳⑤，與欲作劈拳前一著無異。若當右手作劈拳時，則必自左向後轉，取其順也。

在劈拳內，手足皆相隨。即：左手在前，則左足亦在前；右手在後，則右足亦在後也。習熟後，可將「拳式」與「掌式」合成一著，即當作「拳式」時，後足不必跟上立住，可直前進步⑥作「掌式」也。

【注釋】

①第三圖：應看第四圖。

②一：一次。

③一：一個。

④前著：前一著，前一個動作。

⑤右手作拳：即右手打出鑽拳（按：即起手橫拳）。

⑥直前進步：直接向（前腳）前進步。

【譯文】

第一節　劈拳

拳名叫作「劈」，是因為它的掌劈下，就像斧「劈」一樣。

由立正時起勢。

（左劈拳）

㈠、兩手握拳。右手讓拳心貼著胸前中線上升，（至心口處時）再從心口處向前上方鑽出，到拳的高度在眉與頸之間時為止。當右拳還沒有到達心口處時，右小臂已含有外旋之意，右臑（自肘至肩稱為「臑」）也微微外旋。到右拳從心口鑽出時，右臂更要儘量外旋，至終點時右拳小指朝天。這時，右肘正好位於心口前，離心口約半尺遠，肘窩向上。當右臂這樣動作時，左臂也貼身外旋、左拳向前上鑽伸至心口前，拳心也向上。左拳有隨著右肘前伸之意。同時，眼看右拳，頭向上頂。虛胸實腹，臀部向前包住。兩膝稍屈，而兩胯緊緊相夾。如第一圖。

㈡、左拳由心口處往前上伸，在右肘、右臂之上經過。到兩拳相遇處時，兩拳都變掌，翻成手背向上。再左掌斜落、前推；右掌斜落、後拖，停在肚臍右旁。兩掌的手指各個關節都要微彎，各個手指張開、不要併攏，虎口要撐圓。兩掌的虎口都向上。左肘向裡緊裹，與第一圖的右肘無異，只不過那裡是拳，這裡是掌而已。右臂緊貼右肋。當兩臂這樣動作時，左腳也隨著左手的前推而前進。它前進的形象像箭一樣。因為它的前進直接而快速；到它著地之時，則像箭射中獵物，腳趾緊鉤住地，穩固而不易搖動。（定勢時）兩腳的距離大小要與自身的高矮相協調。這時，右腳不動，兩膝微彎，左膝與左腳跟成一條鉛垂線，右膝與右腳跟成一條鉛垂線，兩腿像剪刀一樣（有橫向的夾剪力）。前面的左腿，雖有前進之意，而也含有後扣之意。後面的右腿，雖屹立在原地不往前進，但也頗有前催之意。前後相夾，不也很穩嗎？其餘各部，它們的用力方法，始終按前面所說的做。凡是以上所講的，看第二圖自明。

（右劈拳）

㈢、左手收回。收法是用力蜷屈各指，就像往回拉一個重物一樣。到它收回到心口時，掌又變成了拳。於是再從心口鑽出，與第一圖的右手無異。同時，右掌也微向後拉，再變拳鑽出至心口處，與第一圖的左手無異。須留意的是，凡是後拉而變掌為拳的時候，其掌都含有下壓之力；凡是拳往前伸出時，都含有上挑之力。這是什麼緣故呢？因為拳或掌在前面所到之處，比心口稍高。（與左手鑽拳）同時，左腳隨左手而出。這種步法與前面的進步不同。腳尖外撇約三十度（像立正式一樣），然後前進，叫作「墊步」。劈拳裡面，凡是隨著出拳而出的步，都屬於墊步。這一段所說的，乃是劈拳的「拳式」，見第三圖（按：應為第四圖）。

㈣、然後右手、右腳上前，右手變為掌（右腳大進一步到左腳前）。與第二圖的左手、左腳動作相同。原本作為墊步的後（左）腳，隨即再跟進半步。「跟步」，就是當前腳進大步時，後腳立即往上跟進半步，使兩腳距離一定，以

避免立身不穩。這一段所說的，乃是劈拳的「掌式」，見第四圖（按：應為第三圖）。

（左劈拳）

(五)、再右手鑽拳、右腳墊步，與第三圖（按：應為第四圖）的左手、左腳相同。

(六)、左手劈、左腳大進一步到右腳前，動作與第二圖相同，只是左右相反。像這樣左右交替練習。

凡是某一隻手由拳變掌一次，為一個劈拳。左手要作劈拳，則它的前一勢一定是右拳、右腳在前；右手要作劈拳，則它的前一勢一定是左手、左腳在前。

如要轉身，則當打出左手劈拳時，須從右向後轉，而變成右手、右腳在前，右手鑽出，與要作劈拳的前一動無異。當打出右手劈拳時，則必須從左向後轉，這樣才順。

在劈拳中，手腳總要相隨。即：左手在前，則左腳也在前；右手在後，則右腳也在後。習熟以後，可以將「拳式」與「掌式」合成一著，即當作「拳式」時，後腳不必跟上立住，可直接向（前腳）前進步做「掌式」。

第二節　崩拳

「崩」之為義，山壞也。山之壞，其勢必甚猛，而此拳之性似之，故名。其起首與劈拳之第一、第二二圖無異。其先，蓋作劈拳「掌式」也①。

㈠、當作劈拳式時②，在前之左手與在後之右手同時變掌為拳，食指及大指所屈成之圈向上③，在前之左手如是。右手則拳心向上。

然後左拳抽回，放在腰旁。抽時拳心即翻向上。同時，右拳自心口伸出④。伸時拳心即翻向在旁⑤，即變成方才⑥在前之左拳式也。學者須注意者，右肘終須裡裹，與劈拳同。庶幾肘穴上向，微見下彎，則全肢不覺僵直矣。此中妙處，久習自得⑦（可參觀第六章）。

同時，左足隨右拳之前擊而出，步法與劈拳「掌式」無異，即足尖平直前射⑧也。然後右足跟上，仍作墊步。惟此步須較劈拳之步為小，右足竟可與左足跟接觸，壯其勢也。

同時身須直挺；頭上頂，切勿下垂。腿勢必微彎，以步過小也。其式與劈拳第一圖之腿同。以上所說，觀第五圖更明。

㈡、然後左拳發出，右拳收回，法與第五圖同。惟無論何拳在前，左足終⑨在前，而右足終自後跟上，如第六圖。

第五圖

第六圖

㈢、轉身時，須由右邊轉⑩。轉後右拳作劈拳之「拳式」⑪。右腿抬起，腳底向外，所以踏人也⑫，如第七圖。

㈣、遂作⑬劈拳之「掌式」：左手前推，右手後收，右腿落於左足前，右足橫如「一」字⑭。如第八圖。

㈤、然後左足、右拳又前發⑮，與第五圖同。相繼不絕⑯如此。凡轉身必從右轉，以⑰左足始終在前，不便左轉也。

第七圖

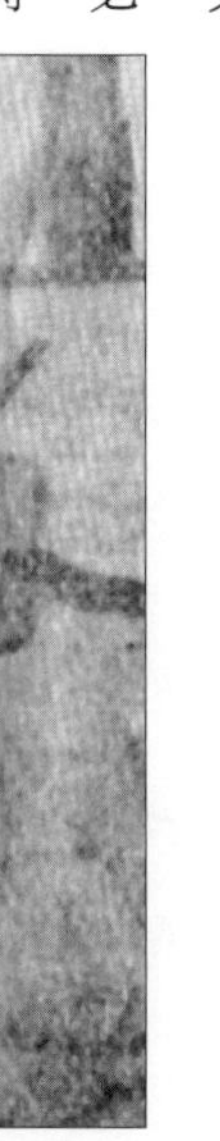
第八圖

【注釋】

①其先，蓋作劈拳「掌式」也：在它的前面，先打成劈拳的「掌式」。

②當作劈拳式時：由左劈拳（掌）式。

③食指及大指所屈成之圈向上：虎口向上。

④伸出：打出。

⑤在旁：當為左旁。

⑥方才：剛才。

⑦久習自得：久久練習自能領會。

⑧前射：向前射出。

⑨終：始終，總是。

⑩由右邊轉：即右後轉身。

⑪劈拳之「拳式」：即鑽（橫）拳。

⑫所以踏人也：是用來踏人的。

⑬遂作：接著做。遂，於是。

⑭右足橫如「一」字：右腳外橫，成一個「一」字。

⑮前發：向前發出。
⑯不絕：不斷。
⑰以：因為。

第三節　攢拳

「攢」之為義，聚也。此拳之動作有似乎攢，故曰「攢」拳①。

其起首，仍如崩拳之先作劈拳式，如劈拳第一、第二二圖是也。

㈠、兩掌變成拳②。在前之左拳拳背向上，在後之右拳亦然③。

左拳有下壓意，右拳若欲前伸者然

說明：此圖左拳手背猶未翻向上⑦。

第九圖

④。同時，在前之左足進步⑤，在後之右足跟上⑥。步法與劈拳「拳式」之步法同，如第九圖。

㈡、於是左臂下壓、收回，右拳向左臂上擊出，其法正與劈拳「拳式」同。左臂止於臍之左旁，貼身靠住，拳背上向。同時右足隨右拳出⑧，左足即跟上⑨，步法與劈拳「掌式」之步法同。步之大小隨便⑩。如第十圖。

㈢、左拳擊出時仿前⑪。

㈣、轉身有二法：

（甲）與劈拳同。

（乙）設左手、左足在前，則向右

第十圖

第十一圖

轉，變成右足在前。當轉時，左拳先前伸，下壓、收回；於是右拳乘此由左拳上擊出。右足轉後在前，立刻隨右拳之擊出而進步。左足更跟上⑫。如第十一圖。此法甚妙：當敵人自後攻來時，我一拳將彼攻我之拳壓下，而同時右拳已擊中其面矣！

習熟後可將㈠、㈡兩動作合成一著⑬，即當第一動作時，左足前進，右足更不必跟上立住，可即接以第二動作也。

【注釋】

①「攢」之為義……故曰「攢」拳：攢（ㄘㄨㄢˊ）的意思是聚集、集中。而該拳的動作又像攢（ㄗㄨㄢ，通「鑽」），所以叫作「攢（ㄗㄨㄢ）」拳。

②兩掌變成拳：（由左劈拳起勢，）兩手同時握拳。

③亦然：也是這樣（指拳背向上）。

④左拳有下壓意，右拳若欲前伸者然：左拳有下壓之意，右拳像要往前打的樣子。

⑤進步：往前墊步。
⑥跟上：當指跟上提起。
⑦此圖左拳手背猶未翻向上：此圖中左拳還沒有翻成拳背向上。
⑧右足隨右拳出：右腳隨右拳的鑽出而進步。
⑨左足即跟上：左腳隨即跟進半步。
⑩步之大小隨便：（定勢時）兩腳距離的大小根據各人高矮而定。
⑪左拳擊出時仿前：左手鑽拳的打法仿照前述（右手鑽拳打法）。
⑫當轉時……左足更跟上：這一段所講分為兩動。先左拳隨著右後轉身向前伸出（此時右腳在前），再右腳進一步、左腳跟進半步，同時，左拳下壓、收回，右拳由左拳上鑽出。更，再。
⑬一著：一個（連續的）動作。

第四節 炮拳

炮之取義，與崩略同，謂其拳之作用似「炮」也①。起首先作劈拳式。

㈠、一時②二掌變拳。在前之左掌，當變拳時，即收回。收時拳背向下③，貼身放於臍之左旁。在後之右掌，變拳後，亦拳背下向，貼身放於臍之右旁。同時，在後之右足，半向右進步④；左足即跟上，以左足之右旁貼住右足之左旁。左足須提起，勿著地⑤。兩腿微彎。身雖半右向，而頭則半左向⑥。如第十二圖。

第十二圖

說明：左足非必貼住右足。書中所說，使此著與下著相連者也。而圖中則不得不分二著⑦。

【注釋】

①炮之取義……謂其拳之作用似「炮」也：炮的含義，與崩大略相同，是

說該拳的作用像「炮」。

②一時：同時。

③拳背向下：即拳心向上，下文「拳背下向」同。

④半向右進步：向左腳的右前方進步。半向右，即半向前、半向右。

⑤左足即跟上……勿著地：左腳立即跟上，以左腳裡側貼住右腳的內踝。左足必須提起，不要著地。

⑥身雖半右向，而頭則半左向：身雖擰成半面向右（即半向前、半向右），而頭則要半面向左。

⑦左足非必貼住右足……不得不分二著：左腳不一定非得貼住右腳。書中所講的，是將這一動與下一動連起來的練法。而圖中則不得不分成兩個動作。

㈡、左拳貼身上升，拳背仍下向；至面處①忽然翻轉②，變成拳心外向，而拳背則止於額前，不貼於額。翻時，全臂用力向外上推，此拳所以破敵從高

擊下之拳也。同時，右手即作崩拳，向頭所向之方③擊去，則敵人且中我拳矣④。蓋形意妙處，大概如是。每發拳攻人，同時可自護；及⑤人攻我而我自護時，我亦能即此攻人⑥，故人每不及自禦也⑦。然猶未盡其妙⑧。

當此之時，我不著地之左足，乘此作箭步，向右手擊出之方進去，而右足自後跟上。其步法如崩拳。兩腿微彎，右腿有前催之力；而在前之左腿，則雖前向，亦頗含有穩立意。同時將全身之氣收聚於小腹，暗運於四肢，則其二臂之力本不多者，至此終須增加數倍矣⑨。以其數倍其力，故雖壯夫，莫之能當也⑩。如第十三圖。

第十三圖

【注釋】

①面處：臉前。

②翻轉：指內旋。

③頭所向之方：即左前方。

④則敵人且中我拳矣：則（我不但破解了敵人的攻擊，）而且敵人也同時被我拳擊中了。

⑤及：及至。

⑥即此攻人：就著這（自護之勢）攻擊敵人。

⑦故人每不及自禦也：因此敵人每每來不及自禦。

⑧然猶未盡其妙：然而還沒有把它（按：指炮拳）的妙處全部表達出來。

⑨當此之時……至此終須增加數倍矣：這一段是說，再加上腳蹬、氣催、身進，可使擊人之力比僅靠兩臂屈伸增加數倍。

⑩以其數倍其力……莫之能當也：因為它將力增加到數倍，所以就算是壯漢，也抵擋不住它的進攻。

㈢、現在此身之方向，係半向左①。在前之左足，仍向此方前進，右足跟上、提起，靠於左足旁②。兩拳收下，置於臍之兩旁，與「一」相似③。如第十四圖④。

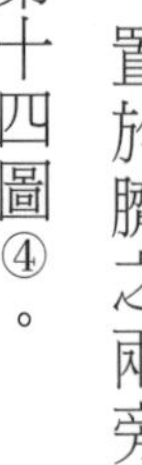

第十四圖

【注釋】

①半向左：半向左、半向前，即向著左前方。

②在前之左足……靠於左足旁：左腳向左前方墊步，右腳跟提。

③兩拳收下……與「一」相似：（同時，身左擰）將兩拳收回到肚臍兩旁，成「一」字形。

④如第十四圖：這是後右腳提起、還沒有跟上的一瞬間，第十二圖也是如此（見「第十二圖說明」）。

㈣、右拳向上外翻，左拳作崩拳擊出。提起之右足，隨在①拳向右前發出；左足跟上②。與㈡同。如第十五圖。

如此不絕。

轉身時，若當身半向左時③，則左腿向右鉤，身即轉向後。右足仍跟上、提起、靠住。如第十六圖④。然後右足、左拳發出⑤，與前無異。其進步之方向，觀第十七圖自明。橫拳進步之方向亦然⑦。

第十五圖

說明：此圖與第十四圖惟方向不同，彼前去，此轉回，但形式則無⑥。

第十六圖

【注釋】

①在：當為「左」。

②左足跟上：左腳（向右前方）跟進半步。

③若當身半向左時：即當（向左前方）打出右手炮拳時。

④則左腿向右鉤……如第十六圖：則隨著右後轉身，左腳提起、扣落在（轉身前的）右後，右腳隨即跟上、提起、靠住。如第十六圖。

按：第十六圖是用了第十四圖（讀者應照轉身後來理解），且是左腳跟提前的情形。

⑤發出：這是說向轉身後的右前方打出左手炮拳。

⑥此圖與第十四圖……但形式則無異：此圖與第十四圖只有方向不同，那個圖是往前打，這個圖是往回轉身，但形式上沒有不同。

⑦橫拳進步之方向亦然：橫拳的進步路線和轉身方法也是這樣。

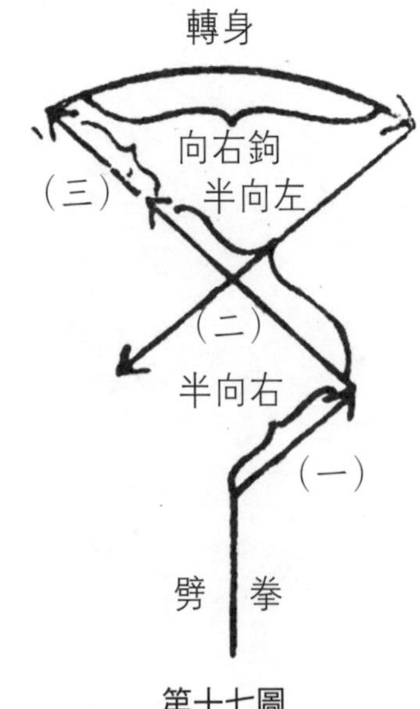

第十七圖

第五節　橫拳

此拳用法，不直而橫①，故名「橫」拳。起首作劈拳式。

㈠、在後之右足進步，左足跟上、提起，與炮拳同②（學者須記橫拳與炮拳步法同）。同時掌變為拳。在前之左掌變為拳時，拳心翻向上，仍置於前，肘仍緊裹。在後之右掌變拳後，手背仍上向。其餘皆與炮拳同。如第十八圖。

㈡、右拳自左肘下，向左前發出。拳剛過肘時，即翻轉，使拳心上向，而

說明：此圖當面右。

第十八圖

第十九圖

肘緊裹，與攢拳相似。同時左拳收回，貼身放於臍之左旁。方才提起之左足，此時即向左前作箭步射出，與炮拳全合。如第十九圖。

㈢、左足前進一步③，拳不動（以後每欲打橫拳前，必先將前足進一步，所以使手足之動相符不亂也）。然後左拳由右肘下，向右前作攢拳擊出。右拳收回。同時右足向右前進步。如第二十圖是也。

第二十圖

如此絡繹不絕。

轉身時，與炮拳同。惟當腿鉤身轉時，拳不動。待既鉤既轉④後，始從肘下發出耳。

【注釋】

①此拳用法，不直而橫：此拳的用法，主要不是用它的直勁，而是用它的

橫勁。

②在後之右足進步……與炮拳同：（由左劈拳掌式）後右腳大進一步到左腳的右前，左腳隨即跟上提起，與炮拳相同。

③左足前進一步：左腳向左前方墊進一步（右腳跟上提起）。

④既鉤既轉：已鉤已轉。既，已經。

第四章　進退連環拳

進退連環拳者，連五拳而成者也。凡十一著①。

㈠、**劈拳**。如第二十一圖。

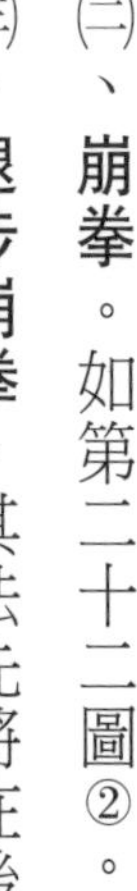

㈡、**崩拳**。如第二十二圖②。

㈢、**退步崩拳**。其法先將在後之右足退後一步；然後左足更③退一步於右足後，同時右拳收回、左拳發出。如第二十三圖。

㈣、**順步崩拳**。順步崩拳者，右

第二十一圖

第二十二圖

足、右拳或左足、左拳同在前之謂也。此時不便左足自後進步④而右拳同時擊出，故即使⑤在前之右足與右拳同時前發⑥也。同時左拳收回，左足跟上⑦。如第二十四圖⑧。

㈤、**雙橫拳**⑨。兩拳相交，右拳在外，身半向左。如第二十五圖⑩。

第二十三圖

第二十四圖

第二十五圖

然後兩拳分開，兩臂作一半圓彎。切勿僵直，仍須微彎而含力。如第二十六圖。然後左拳放開，右拳與左拳合於臍處，貼身靠住。當兩手分開時，在後之左足退後一步；及二手合時，在前之右足即與左足相並。身仍半向左。如第二十七圖⑪。

【注釋】

①凡十一著：共十一個動作。

②第二十二圖應該面向右，這裡是用了崩拳的第五圖，應該用後面「第二十四圖」正好。

③更：再。

第二十六圖

說明：但其不同點在下部，此圖之兩足當相併如書中所說。

第二十七圖

④不便左足自後進步：不方便左腳從後面進步到右腳前。

⑤故即使：所以就讓。

⑥前發：向前發出。

⑦左足跟上：左腳跟進半步。

⑧第二十四圖誤，下部樁法應為左腳在後、右腳在前的三體式樁步。

⑨雙橫拳：現通稱為「白鶴亮翅」，即變式鮎形。

⑩第二十五圖：應為背朝讀者，面朝右。下面二十六、二十七、二十八圖、三十一圖都應為面朝右。

⑪然後兩拳分開……如第二十七圖：這一段應當都是第二十六圖至第二十七圖的動作說明，第二十五圖至第二十六圖的動作沒有說明。全部動作說明補充如下：

兩拳交叉著向上撐舉至額前（第二十六圖），然後兩拳分開（右拳向右前、左拳向左後），兩臂各做一個半圓形落下（兩臂要微彎而含力，切勿僵直）。再左拳放開成掌，右拳與左掌對擊相合於肚臍處，貼身靠住。當兩手分開時，後左腳退後一步（略偏左）；到兩手相合時，前右腳即退回與左腳相併。身仍半向左、半向前（第二十七圖）。

按：第二十七圖說明特注「此圖之兩足當相併如書中所說」，圖中兩腳應當併在一起，望讀者知悉。

㈥、**炮拳**。作左拳、右足在前之炮拳①。如第二十八圖。

㈦、**退步劈拳**。法在先退右足；右拳落下時，向前作一半圓形。左拳須先抽回，然後再劈出。同時左足稍退，須在右足前②。如第二十九圖。

㈧、**劈拳**。但此劈拳仍須左手、左足在前。其法在將在前之左掌，轉變

第二十八圖

成拳而抽回至心口，更自心口劈出；同時貼身靠住之右手，亦變拳後仍變掌③。如第三十圖。

㈨、**攢拳**。右手、左足在前④。如第三十一圖。

㈩、**劈拳**。左手、右足在前⑤。如第三十二圖。

第二十九圖

第三十圖

第三十一圖

第三十二圖

第三十三圖

(十一)、**崩拳**⑥。如第三十三圖。

(十二)、**作崩拳轉身**。轉後次序仍如前⑦。至再作退步崩拳時止，即以退步崩拳收式⑧。

【注釋】

①作左拳、右足在前之炮拳：（由上式）右腳向前（略偏右）進步，打出左手炮拳。

②法在先退右足……須在右足前：方法是先將右腳退到左腳後，同時右拳

向前作一個半圓形砸落、左拳抽回胸前；然後再右手拉回、左手劈出，同時左腳稍退，但仍在右腳前。

③但此劈拳仍須左手、左足在前……亦變拳後仍變掌：但是這個劈拳仍是左手、左腳在前的劈拳。方法是將前左掌變拳抽回至心口，再從心口劈出；同時右手也變拳鑽出後，再變掌拉回。

④攢拳。右手、左足在前：（由上式左劈拳，）再直接右腳蹬、左腳進、右腳跟，打出右手拗步鑽拳。

⑤劈拳。左手、右足在前：（由上式，）先左腳往前（略偏左）墊步，右腳向前蹬出，再右腳外橫踩落在左腳前（略偏右），左腳跟微離地面，成交叉半坐盤步。墊步、蹬腿時兩手在原位，右腳踩落時兩手右拉、左劈，打出左手劈拳。

⑥崩拳：（由上式，）先右腳墊步，再左腳大進一步到右腳前，打出右手崩拳（右腳隨即跟進到左腳後）。

⑦轉後次序仍如前：轉身後（往回打）的練習順序仍與（轉身前）相同。

按：轉身後再依次打（二）至（十二）各節至起勢處。

⑧至再作退步崩拳時止，即以退步崩拳收式：到再打出退步崩拳時為止，就以退步崩拳勢收式。即，就。

按：即崩拳轉身後，再打進步崩拳、退步崩拳、收式。

第五章　形意玄義

形者，式也；式在外，人得而見之。意者，志之所至也；意非形，人莫得而見之。意主乎形，形不能自動，凡形之動，多意使之。雖心肺等無意而終不息其運動，然心肺實未嘗自動也，此近世生理學家所公認者也。

凡形之動，其機在筋肉。筋肉強壯而意不銳敏，則力雖大而其動遲。筋肉既強壯而意又銳敏，庶乎善矣。雖然，猶未也。設令其驟遇強敵，倉卒之間，欲其處以常態、應以妙手，亦難矣哉！是猶令未學之孩童，初試其手工也，鮮克心手相應。然久習形意拳術，則亦不難為之矣。

夫今之新教育家，每竭力提倡工藝。工藝之要，惟在心手相應耳。然則設有精通形意之術以習工藝者，其習之也，當較易矣。

由是觀之，形意之功用，豈僅限於強身自衛哉？抑又有進於是者。聚氣於胸，則喘而不久；聚氣於小腹，則久而不礙呼吸。漸積漸充，而此氣浩然，更可以意導之。若當拳之擊出時，則導之於拳，是不啻以全身之力，運而聚於拳之一點，其勢之猛，寧可當耶？

若偶犯不適，則導氣於病處；血來貫注，其中白血輪實能殺微生物而去其病。且剛直之氣，充塞兩間，精明強幹，神色粲然，孟子所言，豈欺吾哉？必如此，始可以膺重任。其為社會，為一己，謀事均無遺憾矣。今但舉其大概如此，若夫神而明之，尤在於善悟者。

第六章　形意拳術之要點及其研究

形意拳術之要點凡四：

一、閉口，舌抵上齶，津生則嚥下

閉口者，所以保氣之不外洩，而防空氣中之穢物入口也。不但習拳時宜如此，凡不用口時皆宜如此。

舌抵上齶者，所以生津液，使口不乾燥也。

津生下嚥，則更使喉間亦滋潤也。

二、裹肘，垂肩，鼓腹，展胸

裹肘則臂必微彎，微彎則肩之力可由此而運至於手。此一要點，凡形意門中拳數①皆不能脫離乎此。

試論劈拳：必如此而全身之力始能運於五指之端。故人每以為五指力弱，安能擊人而仆之於丈外？而不知五指之力果弱，今得全身之力皆聚於此，則亦何難為哉！若不裹肘則臂僵，僵則力止於臂而不能外發，學者盍一一試之，即可知矣。

垂肩者，使氣不浮，而下聚於小腹也。若不垂肩，其能久持者幾希矣。鼓腹者，聚氣於小腹也。人身有二大藏氣處，一為肺，一為臍下小腹。藏氣於肺，則不久必放，呼吸使之然也。今藏氣於小腹，則肺之呼吸既不能引之外洩，而積氣於此，亦無礙於呼吸，如是氣當舒足，必能久持。不然，甫交手而喘聲大作，面紅耳赤，心跳勃勃，脈張力竭，殆矣！

展胸者，所以使積氣不礙呼吸也。每有欲聚氣於小腹，而強迫肺中之氣於小腹者。其迫之也，必抑胸使平，其結果必至於肺部不發達，而呼吸多阻礙，傷身最甚矣！故今雖鼓氣於小腹，而於肺則一任其自展，庶即可無害焉。

三、兩腿相夾，足趾抓地

兩腿相夾者，即所以免身之前後傾倒也。嘗見壯漢鬥一較弱而活潑者，以壯漢之力而論，宜足以勝敵也，而每有致敗者，用力偏也。蓋當其進步時，或全身前傾，毫無後持之力，故其敵得借其力、乘其勢以仆之。

足趾抓地，即所以使身更穩固也。

四、目欲其明，欲其敏，更欲其與心手相應

交手之時，原全恃乎心手之作用。而據其最重要之地位者，目是也。目而不明、不敏，不能與心手相應，而能勝人者，亦鮮矣。此理人皆知之，然用目

於交手之時當若何？此則所宜研究者也。

㈠、交手之時，高則視敵之目。以其目之所視，必其手之所向也。

㈡、中則視敵之心。以其手之出入必在心前也。

㈢、下則視敵之足。以其足之所向，即其身之所在也。

【注釋】

①拳數：拳路，拳套。數，路數，種類。

第七章　形意拳術之特長處

形意拳術之較長於普通拳術者凡三端：

一、身穩氣平

每見習普通拳術者，輾轉騰躍，時用足踢人。非不美觀也，非不可謂為一種運動也，然不足以交手，何也？我勞人逸，我危人安也。

夫兩相交手時，兩足猶恐不能穩立，寧有暇分其一足以踢人乎？苟踢而不中，其敗也必矣。且二目瞿瞿靜觀敵之動以應可也，何為而騰躍以自勞乎？形意則無如此無益之舉動。

二、拳法簡捷

普通之拳術，其臂之動也，守為一著，攻為一著。若人攻我，則必先禦之，而後得攻之。形意則不然，攻即守，守即攻，一著而備二用。何以言之？曰，試論劈拳之「拳式」①：設人以左拳②攻我心口，無論其拳之高低如何，我但進步向其右旁，以右劈③作劈拳之「拳式」，架住其臂，是我已自防矣；同時我但如此前進，我臂即斜刺④擦其臂而前。苟其手不敏，必中我拳矣，此「守即攻」之謂也。

苟其手而敏，則必將我拳撩起外推，然我於是即乘其撩推之勢而抽回我拳，同時將拳漸向下沉，沉後變拳作掌，驟成⑤劈拳，前推其身，彼雖欲防，必不及矣。何也？彼之撩而推也，必用大力，勢難一時收回，我則本借其力，而急欲攻之者也。我但作一圓圈，而彼已中我拳矣。我一臂攻之，而使其不暇自防，更無暇攻我，是不啻「攻即守」矣，形意拳術不誠靈便乎？

或曰：「崩拳甚直，恐無如此妙用。」應之曰：「崩拳亦有二用。」苟敵攻我之拳而高也，則我拳自其拳下斜入，作上挑之力。當我拳斜入時，我身必進至敵之旁，則彼之拳我已躲過。我今在其拳下作上挑之力，同時又不廢前擊，則彼拳即欲下壓我拳，必已不及；即及，亦不能竟壓我拳，以我已預防也，而同時彼身已中我拳矣。

苟敵攻我之拳而低也，則我拳自其拳上斜擊，作下壓之力。彼拳被我壓下，則其臂之長不能及我身，而我拳自彼拳上擦過，已中其身矣。孰謂崩拳無二用乎？

三、養氣壯志

此長處惟作內功者始能得之，形意則內外功兼有之，廣如第五章所說。

形意拳術初步終。

【注釋】

①劈拳之「拳式」：即劈拳的第一動——墊步鑽（橫）拳。

②左拳：據下文，此處當為「右拳」。

③右劈：當為「右臂」。

④斜刺：斜刺（裡），斜著。

按： 對方用右手向我進攻時，我前左腳向我的左前方進步。這時，我方身在對方的右前方，我同時出右手，以劈拳的拳式搭接對方右手臂，並向他的頭身中線逼擠鑽（閃、進、顧、打合一）。對於他來說，我的手是斜著過來的，所以說「斜刺（裡）」。

⑤驟成：驟然變成。

【譯文】

形意拳術優於普通拳術的地方有三點：

一、身穩氣平

每每見到練習普通拳術的人，輾轉跳躍，時不時還用腳踢人。這樣不是不美觀，不是不能稱為一種運動，然而不能夠交手，為什麼？因為那樣的話我勞而人逸，我危而人安。

兩人交手時，兩隻腳還怕站不穩，哪有空分出一隻腳來踢人呢？假如踢而不中，那一定失敗了。且二目瞿瞿靜觀敵人的動靜來應對就可以了，幹嗎要跳來跳去勞動自己呢？形意拳就沒有這樣無益的舉動。

二、拳法簡捷

普通拳術，其手臂的動作，守是一下，攻是一下。若有人進攻我，則必須先做防守動作，而後才能進攻對方。形意拳則不然，攻就是守，守就是攻，一個動作而同時有兩個用處。為什麼這麼說呢？我們試著討論一下劈拳的「拳式」：假設對方用右拳打我的心口，無論他的拳高低如何，我只需進步到他的右側，用右臂做劈拳的「拳式」，架住他的手臂，這樣我已經護住自己了；同時我就這樣前進，我的手臂就斜刺裡擦著他的手臂往前打去。假如他的手臂不夠敏捷，那一定被我擊中了，這就是「守即攻」的道理。

假如他的手臂反應敏捷，則一定會將我的手臂撩起並往外推，然而我這時就趁著他的撩推之勢而抽回我的拳，同時將拳往下沉墜，沉下後拳變成掌，再驟然發出劈拳，向前推劈他的身體，他雖想招架，必定已經來不及了。這是什麼原因呢？他的撩和推，一定會用很大勁，勢必難以一時收回，我則本來是借他的力，而急著要進攻他。這樣我只是手臂劃一個圓圈，而他已經被我擊中了。我只用一隻手臂進攻，就能使他沒有機會防護自己，更沒有機會進攻我，這就不只是「攻即守」了，形意拳術不是確實很靈便嗎？

也許有人會說：「崩拳就是一條直線，恐怕沒有這種巧妙的用法吧。」那我要跟他說：「崩拳也是一拳二用。」假如敵人打來的拳高，則我的拳從他的拳下斜著進去，往上挑打。當我的拳斜著打進時，我的身體必須進至敵人的側面，則他的拳我已躲過。我現在在他的拳下往上挑，同時又不停止往前打，則他的拳即

使想往下壓我的拳，必然已經來不及；就算來得及，也不能完全壓住我的拳，因為我已經預先防備，而且同時他的身體已經被我拳擊中了。

假如敵方打來的拳低，則我的拳從他的拳上斜著進去，往下壓打。他的拳被我壓下，則他的臂長不能觸及我身，而我的拳從他的拳上擦過，已擊中他了。誰說崩拳沒有二用呢？

三、養氣壯志

這個長處一般只有修煉內功的人才能得到，而形意拳則內外功兼而有之，其功能的廣泛就像第五章所說的。

附 岳武穆形意拳術要論

民國四年夏，余南歸，過吾鄉原公作傑家，取其所藏武穆拳譜讀之，中有要論九篇、交手法一篇，雖字句間不無差誤，然其行文瑰瑋雄暢，洵為武穆之作。而論理精透，尤非武穆不能道。

余曰：此形意舊譜也，得此靈光，形意武術，其將日久而彌彰乎！急錄之，攜入京師，公諸同好。天下習武之士，與凡素慕武穆其人者，其守此勿失可也。濟源後學鄭濂浦謹識。

一要論

從來散之必有其統也，分之必有其合也。以故天壤間四面八方，紛紛者各

有所屬；千頭萬緒，攘攘者自有其源。蓋一本散為萬殊，而萬殊咸歸於一本，事有必然者。且武事之論，亦甚繁矣。而要之千變萬化，無往非勢，即無往非氣。勢雖不類，而氣歸於一。

夫所謂「一」者，從上至足底，內而有臟腑、筋骨，外而有肌肉、皮膚、五官百骸，相連而為一貫者也。破之而不開，撞之而不散。上欲動而下自隨之，下欲動而上自領之，上下動而中節攻之，中節動而上下和之。內外相連，前後相需。所謂「一貫」者，其斯之謂歟！

而要非勉強以致之，襲焉為之也。當時而靜，寂然湛然，居其所而穩如山岳；當時而動，如雷如塌，出乎爾而疾如閃電。且靜無不靜，表裡上下，全無參差牽掛之意；動無不動，左右前後，並無抽扯游移之形。洵乎若水之就下，沛然而莫之能禦；若火之內攻，發之而不及掩耳。不假思索，不煩擬議，誠不期然而然，莫之致而至！

是豈無所自而云然乎？蓋氣以日積而有益，功以久練而始成。觀聖門一貫之傳，必俟多聞強識之後，豁然之境，不廢格物致知之功：是知事無難易，功惟自盡。不可躐等，不可急遽。按步就步，循次而進，夫而後官骸肢節，自有通貫；上下表裡，不難聯絡。庶乎散者統之，分者合之，四體百骸，終歸於一氣而已矣。

二要論

嘗有世之論捶者而兼論氣者矣。夫氣主於一，可分為二。所謂「二」者，即呼吸也，呼吸即陰陽也。捶不能無動靜，氣不能無呼吸。吸則為陰，呼則為陽；主乎靜者為陰，主乎動者為陽。上升為陽，下降為陰；陽氣上升而為陽，陽氣下行而為陰；陰氣下行而為陰，陰氣上行即為陽。此陰陽之分也。

何謂清濁？升而上者為清，降而下者為濁；清氣上升，濁氣下降；清者為陽，濁者為陰。而要之陽以滋陰，渾而言之統為氣，分而言之為陰陽。氣不能無陰陽，即所謂人不能無動靜，鼻不能無呼吸，口不能無出入，此即對待循環

不易之理也。

然則氣分為二，而實在於一，有志於斯途者，慎勿以是為拘拘焉。

三要論

夫氣本諸身，而身之節無定處。三節者，上、中、下也。以身言之：頭為上節，身為中節，腿為下節。以上節言之：天庭為上節，鼻為中節，海底為下節。以中節言之：胸為上節，腹為中節，丹田為下節。以下節言之：足為梢節，膝為中節，胯為根節。以肱言之：手為梢節，肘為中節，肩為根節。以手言之：指為梢節，掌為中節，掌根為根節。

觀於是，而足不必論矣。然則自頂至足，莫不各有三節。要之，若無三節之分，即無著意之處。蓋上節不明，無依無宗；中節不明，渾身是空；下節不明，自家吃跌。顧可忽乎哉？

至於氣之發動，要皆梢節動，中節隨，根節催之而已。然此猶是節節而分言之者也；若夫合言之，則上自頭頂，下至足底，四體百骸，總為一節，夫何三節之有哉？又何三節中之各有三節云乎哉？

四要論

試於論身、論氣之外，而進論乎梢者焉。夫梢者，身之餘緒也。言身者初不及此，言氣者亦所罕論。捶以內而發外，氣由身而達梢。故氣之用，不本諸身，則虛而不實；不形諸梢，則實而仍虛。梢亦烏可不講？然此特身之梢耳，而猶未及乎氣之梢也。四梢維何？

髮其一也。夫髮之所繫，不列於五行，無關於四體，似不足論矣。然髮為血之梢，血為氣之海，縱不必本諸髮以論氣，要不能離乎血而生氣。不離乎血，即不得不兼及乎髮。髮欲衝冠，血梢足矣。

抑舌為肉梢，而肉為氣囊，氣不能行諸肉之梢，即無以充其氣之量。故必舌欲催齒，而後肉梢足矣。至於骨梢者，齒也；筋梢者，指甲也。氣生於骨，

而聯於筋。不及乎齒，即未及乎筋之梢；而欲足乎爾者，要非齒欲斷筋，甲欲透骨不能也。果能如此，則四梢足矣。四稍足，而氣亦自足矣，豈復有虛而不實，實而仍虛者乎？

五要論

今夫捶以言勢，勢以言氣。人得五臟以成形，即由五臟而生氣，五臟實為生性之源，生氣之本，而名為心、肝、脾、肺、腎是也。心為火，而有炎上之象；肝為木，而有曲直之形；脾為土，而有敦厚之勢；肺為金，而有從革之能；腎為水，而有潤下之功。此乃五臟之義，而必準之於氣者，以其各有所配合焉。此所以論武事者，要不能離乎斯也。

胸膈為肺經之位，而為諸臟之華蓋。故肺經動，而諸臟不能靜。兩乳之中為心，而肺包護之。肺之下，胃之上，心經之位也。心為君火，動而相火無不奉合焉。而兩脅之間，左為肝，右為脾。背脊十四骨節皆為腎。此固五臟之

位，然五臟之系，皆繫於背脊，通於腎髓，故為腎。至於腰，則兩腎之本位，而為先天之第一，尤為諸臟之根源。故腐水①足，而金、木、水、火、土咸有生機。此乃五臟之位也。

且五臟之存於內者，各有其定位；而具於身者，亦自有所專屬。領頂腦骨背，腎是也。兩耳亦為腎。兩唇、兩腮，皆脾也。兩髮則為肺。

天庭為六陽之首，而萃五臟之精華，實為頭面之主腦，不啻一身之座督矣。印堂者，陽明胃氣之衝。天庭性起，機由此達。生發之氣，由腎而達於六陽，實為天庭之樞機也。

兩目皆為肝，而究之上包為脾，下包為胃，大角為心經，小角為小腸，白則為肺，黑則為肝，瞳則為腎，實為五臟之精華所聚，而不得專謂之肝也。

鼻孔為肺，兩頤為腎，耳門之前為膽經，耳後之高骨，亦腎也。鼻為中央之土，萬物資生之源，實中氣之主也。

人中為血氣之會，上沖印堂，達於天庭，亦為至要之所。兩唇之下為承

漿，承漿之下為地閣，上與天庭相應，亦腎經位也。領頂頸項者，五臟之道途，氣血之總會。前為食氣出入之道，後為腎氣升降之途。肝氣由之而左旋，脾氣由之而右旋。其系更重，而為周身之要領。

兩乳為肝，兩肩為肺，兩肘為腎，四肢為脾，兩肩背膊皆為脾，而十指則為心、肝、脾、肺、腎是也。膝與脛皆腎也，兩腳跟為腎之要，湧泉為腎穴。大約身之所繫，心②者為心，窩者為肺，骨之露處皆為腎，筋之聯處皆為肝，肉之厚處皆為脾。

象其意，心如猛虎，肝如箭，脾氣力大甚無窮，肝經之位最靈變，腎氣之動快如風。其為用也，用其經。舉凡身之所屬於某經者，終不能無意焉。是在當局者自為體認，而非筆墨所能為者也。至於生克制化，雖別有論，而究其要領，自有統會。五行百體，總為一元。四體三心，合為一氣，奚必昭昭於某一經絡，節節而為之哉？

【注釋】

①腐水：當為「腎水」之誤。

②心：當為「凸」之誤。

六要論

心與意合，意與氣合，氣與力合，內三合也。手與足合，肘與膝合，肩與胯合，外三合也。此為六合。左手與右足相合，左肘與右膝相合，左肩與右胯相合，右之與左亦然。以及頭與手合，手與身合，身與步合，孰非外合？心與眼合，肝與筋合，脾與肉合，肺與身合，腎與骨合，孰非內合？豈但六合而已哉？然此特分而言之也，總之一動而無不動，一合而無不合，五行百骸，悉用其中矣。

七要論

頭為六陽之首，而為周身之主，五官百骸，莫不惟此是賴，故頭不可不進也。手為先行，根基在膊。膊不進，而手則卻而不前矣，此所以膊貴於進也。氣聚中脘，機關在腰。腰不進，而氣則餒而不實矣，此所以腰貴於進也。意貫周身，運動在步。步不進，而意則堂然無能為矣，此所以步必取其進也。以及上左必須進右，上右必須進左，其為七進，孰非所以著力之地歟？而要之，未及其進，合周身而毫無關動之意；一言其進，統全體而俱無抽扯游移之形。

八要論

身法維何？縱、橫、高、低、進、退、反、側而已。縱則放其勢，一往而不返；橫則裹其力，開拓而莫阻；高則揚其身，而身若有增長之勢；低則抑其

身，而身若有攢捉之形；當進則進，殫其身而勇往直衝；當退則退，領其氣而回轉伏勢；至於反身顧後，後即前也；側顧左右，使左右無敢當我。

而要非拘拘焉為之也。必先察人之強弱，運吾之機關。有忽縱而忽橫，縱橫因勢而變遷，不可一概而推；有忽高而忽低，高低隨時以轉移，不可執格而論。時而宜進，故不可退而餒其氣；時而宜退，即當以退而鼓其進。是進固進也，即退而亦實以賴其進。若返身顧後，顧其後而亦不覺其為後；側顧左右，而左右亦不覺其為左右矣。

總之，機關在眼，變通在心，而握其要者，則本諸身。身而前，則四體不令而行矣；身而卻，則百骸莫不冥然而處矣。身法顧可置而不論乎？

九要論

今夫五官百骸主於動，而實運以步。步乃一身之根基，運動之樞紐也。以故應戰對敵，皆本諸身；而實所以為身之砥柱者，莫非步。隨機應變在於手，

而所以為手之轉移者，亦在步。進退反側，非步何以作鼓盪之機？抑揚伸縮，非步何以示變化之妙？所謂「機關者在眼，變化者在心」。而所以轉彎抹角，千變萬化，而不至於窘迫者，何莫非步為之司令歟？

而要非勉強以致之也。動作出於無心，鼓舞出於不覺。身欲動，而步亦為之周旋；手將動，而步亦早為之催逼。不期然而然，莫之驅而驅。所謂「上欲動而下自隨之」者，其斯之謂歟？且步分前後，有定位者步也；然而無定位者，亦為步。如前步進焉，後步隨焉，前後自有定位。若以前步作後，後步作前；更以前步作後之前步，後步作前之後步，則前後亦自然無定位矣。

總之，拳以論勢，而握要者為步。活與不活，亦在於步；靈與不靈，亦在於步。步之為用大矣哉！

心意要訣①

捶名心意，心意者，意自心生，拳隨意發。總要知己知人，隨機應變；心氣一發，四肢皆動。足起有地，膝起有數，動轉有位；合膊望胯，三尖對照。心、意、氣，內三相合。拳與足合，肘與膝合，肩與胯合，外三相合。手心、足心、本心，三心一氣相合。

遠不發手，捶打五尺以內、三尺以外。不論前後左右，一步一捶。發手以得人為準，以不見形為妙；發手快似風箭，響如雷崩。出沒過象園，若生鳥入群籠之狀；單敵，似巨炮推薄壁之勢。骨節帶勢，踴躍直吞。

未曾交手，一氣當先；既入其手，靈動為妙。見孔不打，見横打；見孔不立，見横立。上中下總氣把定，身足手規矩繩束。既不望空起，亦不望空落。

精明靈巧，全在於活。能去能就，能柔能剛，能進能退。不動如山岳，難知如陰陽；無窮如天地，充實如太倉；浩渺如四海，炫曜如三光。察來勢之機會，揣敵人之短長。靜以待動有法，動以處靜。借法容易上法難，還是上法最為先。交勇者不可思誤，思誤者寸步難行。起如箭攢落如風，隈催烹絕手摟手。皆合暗迷中，由路如閃電。

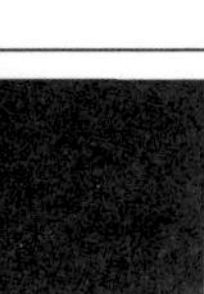

兩邊搗防，左右反背，如虎搜山。斬捶勇猛不可擋，斬梢迎面取中堂；搶上搶下勢如虎，好似鷹鸇下雞場。翻江倒海不須忙，丹鳳朝陽才為強；雲背日月天地交，武藝相爭見短長。步路寸，開把尺，劈面就去；上右腿，進左步，此法前行。

進人要進身，身手齊到是為真；發中有絕何從用？解明其意妙如神。鸇子鑽林麻著翅，鷹捉四平足存身；取勝四梢要聚齊，不勝必因合射心。計謀施運化，霹靂走精神；心毒稱上策，手眼方勝人。

何謂閃，何謂進？進即閃，閃即進，不必遠求；何謂打？何謂顧？顧即打，打即顧，發手便是。心如火藥拳如子，靈機一動鳥難飛；身似弓弦手似箭，弦響鳥落見神奇。起手如閃電，閃電不及合眸；打人如迅雷，迅雷不及掩耳。

五道本是五道關，無人把守自遮攔。左腮手過，右腮手去；右腮手過去，左腮手來。兩手束拳迎面出，五關之門關得嚴。拳從心內發，向鼻尖落；從足下起，足起快向心火作。五行金木水火土，火炎上而水就下；我有心肝脾肺胷，五行相推無錯誤。

【注釋】

①原文無此標題，係由校注者補加。

交手法

占右進左，占左進右；發步時足根先著地，腳以十趾抓地。步要穩當，身要莊重，捶沉實而有骨力。去是撒手，著人成拳。用拳要捲緊，用把把有氣。上下氣要均停，出入以心為主宰，眼手足隨之去。不貪、不歉，不即、不離；肘落肘窩，手落手窩。右足當先，膊尖向前，此是換步。拳從心發，以身力催手。手以心把，心以手把；進人進步，一步一錘。

一支動，百支俱隨，發中有絕。一握渾身皆握，一伸渾身皆伸；伸要伸得進，握要握得根。如捲炮，捲得緊，崩得有力。不拘提打、按打、烘打、旋打、斬打、沖打、鑄打、肘打、膊打、胯打、掌打、頭打、進步打、退步打、

順步打、橫步打以及前、後、左、右、上、下百般打法，皆要一氣相隨。

出手先占正門，此之謂巧。骨節要對，不對則無力。手把要靈，不靈則生變。發手要快，不快則遲誤。舉手要活，不活則不快。打手要跟，不跟則不濟。存心要毒，不毒則不準。腳手要活，不活則擔險。存心要精，不精則受愚。發作要鷹捉勇猛，外皮膽大；機要熟運，還勿畏懼遲疑。心小膽大，面善心惡。靜似書生，動如雷發。

人之來勢，亦當審察：腳踢頭歪，拳打膊作；窄身進步，仗身起發；斜行換步，攔打倒身，抬腿伸發。腳指東顧，須防西殺，上虛下必實著。詭敲（此二字不可解，殆為詭敲之誤）指不勝屈，靈機自揣摩。「手急打手慢」，俗言即是，其真的確。

起望落，落望起，起落要相隨，身手齊到是為真。剪子股，望眉斬，加上反背，如虎搜山。三尺羅衣掛在無影樹上。起手如閃電，打下如迅雷。雨行風，鷹捉兔，鷂鑽林。雞摸鵝，摸塌地。起手時，三心相對。不動如書生，動之如龍虎。

遠不發手打，雙手雙心打。右來右迎，此為捷取。遠了便上手，近了便加肘；遠了便腳踢，近了便加膝；遠近宜知。拳打踢，膀頭歪，把勢審人。能叫一思進。有意莫帶形，帶形必不贏。捷取人法，審顧地形，拳打上風。手要急，足要輕，把勢走動如貓行。心要正，目聚精，手足齊到定要贏。若是手到步不到，打人不得妙；手到步也到，打人如拔草。上打咽喉下打陰，左右兩脇在中心；前打一丈不為遠，近者只在一寸間。身動時如崩牆倒，腳落時如樹栽根，手起如炮直沖。

身要如活蛇，擊首則尾應，擊尾則首應，擊中節而首尾皆相應。打前要顧後，知進須知退。

心動快似馬，臂動速如風。操演時面前如有人，交手時有人如無人。起前手，後手緊摧；起前腳，後腳緊跟。面前有手不見手，胸前有肘不見肘。如見空不打，見空不上；拳不打空起，亦不打空落。手起足要落，足落手要起。心

要占先，意要勝人，身要攻人，步要過人。前腿似跏，後腿似忝（按：此字無此用，必訛）。首要仰起，胸要現起，腰要長起，丹田（按：即臍下小腹也）要運氣；自頂至足，要一氣相貫。膽戰心寒，必不能取勝；未能察言觀色者，必不能防人，必不能先動。先動為師，後動為弟。能叫一思進，莫教一思退。

三節要停，三尖要照，四梢要齊。明了三心多一力，明了三節多一方，明了四梢多一精，明了五行多一氣。明了三節，不貪不歉，起落進退多變。三回九轉是一勢，總要一心為主宰。總乎五行，運乎二氣。時時操演，勿誤朝夕。「盤打時而勉強，工用久而自然。」誠哉是言，豈虛語哉？

按燕薊形意，傳自山右；而山右形意，傳自中州。是則《形意拳譜》之散見於大河南北者，亦勢使然也。惟是年久代遠，漫無統系；而筆墨傳抄，尤多訛錯。原家十篇，亦不足盡形意武術之全豹。然譜書全部既不可得，則此片羽隻鱗者，洵足寶已。余不敏，敢執此以為吾道賀！束鹿李劍秋。

武術界之曙光　應用武術《中國新體操》　黃警頑介紹

是①書為本會②教務主任吳志青先生，本③其十餘年之經驗，採用國技④之動作，按體操之順序編纂而成，既便⑤大隊訓練，尤合⑥學校教材，誠為普及體育、研究國技之唯一善本。已在第五屆遠東大會依式表演，獲國內外之殊譽⑦，又在本會暑期體育學校親自教授，學者咸於短促時間，盡得個中精髓，其價值可知。全書一冊，插圖數十幅。熱心體育愛國學者，不可不人手一編。

《疊羅漢團體遊戲合刊》

欲知此書，請讀黃任之⑧先生題辭：「吳君志青，編《小學教育遊戲叢書》，其法多戞（戛）戞乎新造⑨。根據生理及兒童心理，兼求合⑩教育原理。民國十年五月，曾試演於上海遠東運動會，頗得中外體育家、教育家之贊許。於是書出版⑪，弁此數言⑫，以為⑬介紹，願吳君益致力於是，將為吾國今後無量數青年造福也。」

【注釋】

①是：此。

②本會：指上海「中華武術會」，民國五年（一九一六年）由吳志青等人創辦。

③本：根據。

④國技：又稱為「國術」，今通稱為「武術」。

⑤便：方便，便於。

⑥合：適合。

⑦殊譽：特別的讚美。

⑧黃任之：黃炎培（一八七八——一九六五年），字任之，中國民主革命家，教育家。江蘇川沙（今上海浦東新區）人。清末舉人。一九〇五年加入同盟會。辛亥革命後任江蘇省教育司長、省教育會副會長。曾參加討袁運動。一九一

七年在上海創辦中華職業教育社，任理事長。大力提倡職業教育。抗日戰爭時期，任國民參政會參政員，參與籌組中國民主政團同盟，為第一任主席。一九四五年七月訪問延安，同年發起成立中國民主建國會。一九四九年出席全國政協第一屆全體會議。後任中央人民政府委員、政務院副總理兼輕工業部部長、全國人大常委會副委員長、全國政協副主席、民建中央主任委員。遺著有詩集《紅桑》等。

⑨戛戛乎新造：別出心裁，富有創造性。戛戛，意ㄐㄧㄚˊㄐㄧㄚˊ費力的樣子。有成語「戛戛獨造」。

⑩合：符合。

⑪於是書出版：在此書出版之時。

⑫弁此數言：在書的前面加上這幾句話。弁，放在最前面。

⑬以為：以此作為。

本會宗旨　發軒①道德　鍛鍊體魄　起衰振隳②　服務社會

本會設備　武備部—南北各派技擊　劍術科　摔角科　棍術科

運動部—網球　籃球　手球　壘球　□球　□球

兵操部—徒手　槍操　田徑賽　器械　劈刺術

童子軍—社會童子軍

遊藝部—乒乓　射箭　投壺　音樂　演講　圍棋　象棋　西棋

美育部—攝影　臨池　圖畫

圖書部—閱報室　□書室

▲特設　星期體操班（非會員概不取費）

武術小學校

暑期體育學校（男女兼收）另備詳章

▲欲知詳細章程請向本會索閱

▲欲知會務情形請閱武術月報

上海小西門外□□街利□□西首

按：原書油墨揮發將盡，掃描後更無以複察，望讀者見諒。

【注釋】

①發軒：發揚。

②起衰振隳：讓衰弱的人站立起來，讓毀壞的事振興起來。

定價三角　翻印必究

編輯者　束鹿李劍秋　川沙黃方剛

校訂者　歙縣吳志青　上海黃警頑

印刷所　商務印書館

出版所　上海六合社

分售處　奉天　北京　天津　南京　上海各大書坊

總發行處　中華武術會

圍棋輕鬆學

象棋輕鬆學

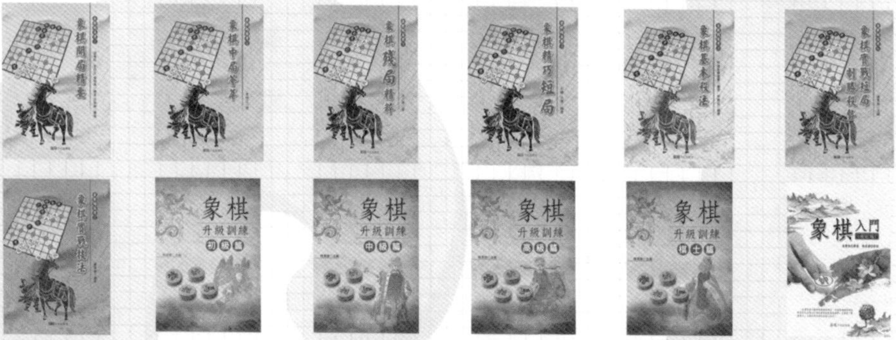

象棋開局精要
象棋中局薈萃
象棋殘局精粹
象棋精巧短局
象棋基本殺法
象棋實戰技法
象棋 升級訓練 初級篇
象棋 升級訓練 中級篇
象棋 升級訓練 高級篇
象棋 升級訓練 棋士篇
象棋入門

智力運動

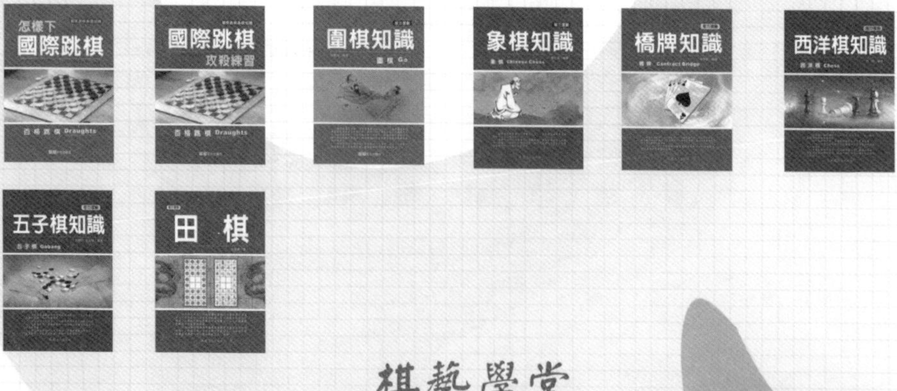

怎樣下國際跳棋
國際跳棋攻殺練習
圍棋知識
象棋知識
橋牌知識
西洋棋知識
五子棋知識
田棋

棋藝學堂

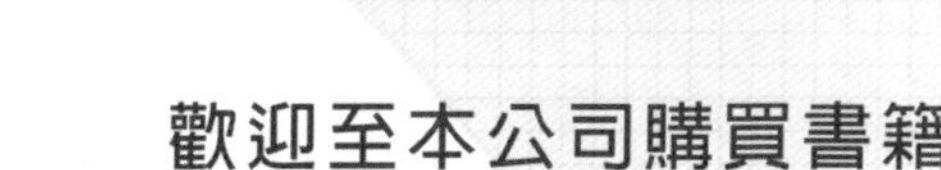

公車站
東華街二段
東華街一段
往北投、淡水
1 2 捷運石牌站2號出口
往明德站(台北方向)
西安街二段
西安街一段
公車站
資源回收
西安街一段293巷
公車站
榮光公園
往榮總、天母
水果店
石牌國中
石牌路一段166巷
瑞興銀行
自強街
致遠公園
石牌路一段
公車站
大展品冠
致遠一路二段12巷
公車站
石牌國小
7-11
屈臣氏
致遠二路
致遠一路二段
致遠一路一段
陽信銀行
頂好超商
7-11
郵局
石牌路一段
華南銀行
公車站
公車站
自強街
石牌公車站
石牌派出所
往北投、淡水
承德路七段
文林北路
石牌公車站
承德路六段

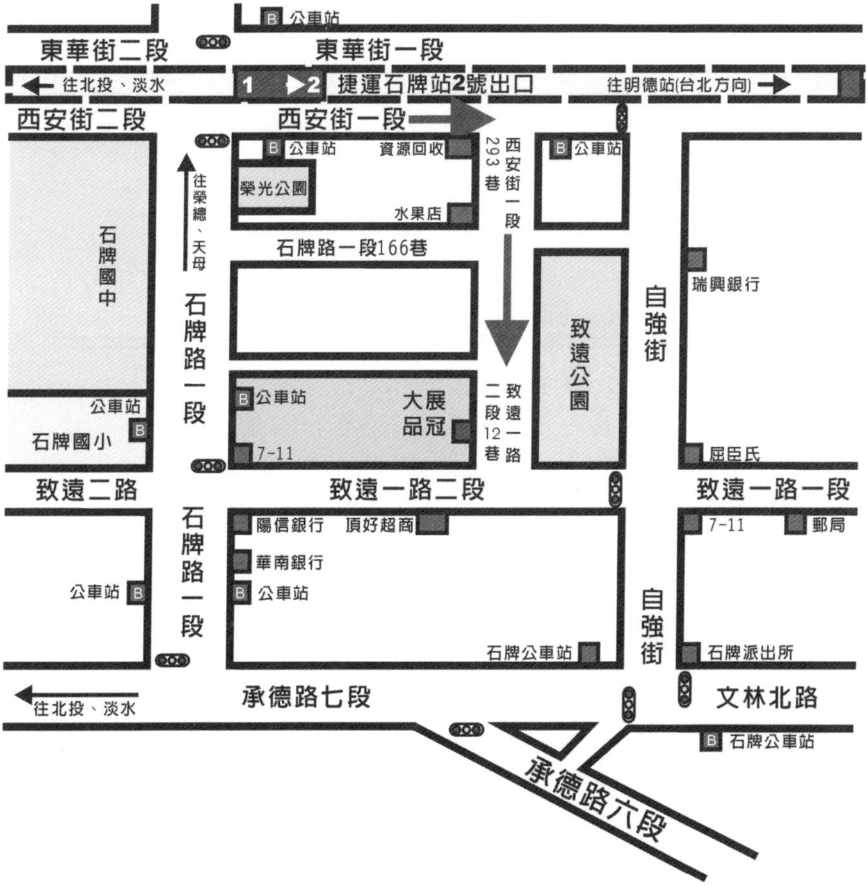

建議路線

1.搭乘捷運・公車

淡水線石牌站下車，由石牌捷運站２號出口出站(出站後靠右邊)，沿著捷運高架往台北方向走(往明德站方向)，其街名為西安街，約走100公尺(勿超過紅綠燈)，由西安街一段293巷進來(巷口有一公車站牌，站名為自強街口)，本公司位於致遠公園對面。搭公車者請於石牌站(石牌派出所)下車，走進自強街，遇致遠路口左轉，右手邊第一條巷子即為本社位置。

2.自行開車或騎車

由承德路接石牌路，看到陽信銀行右轉，此條即為致遠一路二段，在遇到自強街(紅綠燈)前的巷子(致遠公園)左轉，即可看到本公司招牌。

國家圖書館出版品預行編目資料

李劍秋形意拳術／李劍秋　著
——初版，——臺北市，大展，2019〔民108.05〕
面；21公分 ——（武學名家典籍校注；12）
ISBN 978－986－346－248－4（平裝）
1.拳術　2.中國
528.972　　108003382

李劍秋　形意拳術

著　　者／李劍秋
校 注 者／王銀輝
責任編輯／胡志華
發 行 人／蔡森明
出 版 者／大展出版社有限公司
社　　址／台北市北投區（石牌）致遠一路2段12巷1號
電　　話／（02）28236031・28236033・28233123
傳　　眞／（02）28272069
郵政劃撥／01669551
網　　址／www.dah-jaan.com.tw
E－mail／service@dah-jaan.com.tw
登 記 證／局版臺業字第2171號
承 印 者／傳興印刷有限公司
裝　　訂／眾友企業公司
排 版 者／弘益電腦排版有限公司
授 權 者／北京科學技術出版社
初版1刷／2019年（民108）5月

定 價／380元

大展好書　好書大展

品嘗好書　冠群可期